© 2021, JÖRG SPITZER
Herstellung und Verlag: BoD – Books on Demand, Norderstedt
ISBN: 9783755715191

JÖRG SPITZER

VORSICHT!

LYRISCHE UND ANDERE
LITERARISCHE GEHVERSUCHE

*Lyrik sind oft die ersten Gehversuche werdender Dichter,
und ihre letzten.*

Erhard Blanck

(*1942), deutscher Heilpraktiker, Schriftsteller und Maler)

WALDESRUH

„Ich geh` hinein in die Natur; der Wald empfängt mich.
Die klare, reine Luft, nach Laub, nach Bäumen duftend.
Nicht Blumen noch Bäume erblühen-
des Winters Schergen zogen an Ihnen vorbei.

So geh` ich dann hinein in die Natur; will für eine kleine
Zeit all` den Lug und Trug der Welt vergessen, vergessen
die Kümmernisse und Ärgernisse des Lebens.
Vergessen hier den Neid und die Gier des Menschen.

Hier im Wald bleibt mein Geist unberührt.
Die Ruhe hier, sie vermag die Erinnerung an das Leben
zu verdrängen, für eine kleine Weile.
Ich mag eine Zeit verbleiben, will die Ruhe spüren, sehen,
die klare reine Luft atmen, bestaunen die Wunder der Natur:
die Bäume, das Bächlein, die Tiere des Waldes.

Möge erfassen die Harmonie des Waldes, erblicke und spüre
die Eintracht der Natur, Ihre Majestät, Ihre Stille und
Reinheit.

So nehm` ich die Stille in mich auf, wie das Rehlein dort das
klare Wasser. Will allein sein mit der Natur; sie gibt das, was
der Mensch nicht vermag, dem Menschen zu geben:
Frieden und Wahrheit"

Die Nacht

„Still ist die Nacht, Dunkelheit und Ruhe herrscht.
Schlaf erquickt den Körper, den Geist.

Wohlan, Kraft schöpfen für die Hast und Eile des nahenden
Tages, wenn die Dunkelheit dem Sonnenlicht die Wacht
übergibt. Kraft, wenn die Ruhe der Nacht zur Ruhe geht, um
der Tage Hast zu weichen.

Noch schläft alles.Der Baum, das Tier, der Mensch, die Natur.
Dunkelheit des Himmels, Glitzern der Sterne gleichwie der
Diamant, durch die Weiten der Mutter Universum.

Nicht mehr für lange wacht die Ruhe.Dann kommt der Tag aufs
neue, die Eile.

Still ist die Nacht, still und ruhig"

Wunschtraum

„Oh Liebe, wie weit bist du entfernt ?
Oh Liebe, die Strahlen deiner Wärme erfassen micht
nicht.

Verschlossen das Herz, Verborgen die Seele.
Der Mund schweigt, das Auge weint. Die Himmel sind
grau.
Leer das Leben.

Wo bist du, Liebe?
Wann erfüllst du mich mit deiner Behutsamkeit, um die
Härte des Lebens zu mildern ?

Wann, oh Liebe, ereilt mich dein Lachen?
Wann redet mein Mund wieder Worte ?

   Wann kommst du, oh Liebe ? "

Menschenweg

„Woher kommst du, Mensch ?
Wohin gehst du, Mensch ?
Was ist dein Ziel, Mensch ?

Trübnis oder Glück ?

Ehre und Hoffnung ?
Erfüllung und Liebe ?
Ist das dein Ziel ?

Zurück in das Dunkel der All-weiten, Mensch
Die Angst vor dem Gevatter erfüllt dein Leben.

Der Tod ist`s, der dich auf dem Weg begleitet.
Er wartet geduldig auf seine Stund`.

Bald, bald Mensch schlägts Stündlein.

Erfülle deinen Zweck, Mensch"

Lebenskraft

„ *Oh Glück und Liebe, Oh Hoffnung und Friede.*
Dein süßes Netz fängt meine Seele, läßt sie erblühen
in Pracht und Herrlichkeit, wie die Sonne die Pflanze.

Neuen Mutes beginn ich mein Werk;
du gibst mir die Kraft dazu.

Licht, in tausend Farben scheinend überflutet mich.

Erfüllte Sehnsucht, Friede und Wahrheit.

Ruhe "

Die Suche

" Das Glück ist nicht bei mir.
Wo ist es ?

Trauer erfüllt meine Seele, meinen Geist.
Kann kaum denken.
Wo ist das Glück ?

Die Sehnsucht erfasst den Gedanken.
Läßt mich nicht ruhn. Muß suchen.
Immer weiter suchen. Wo suchen ?
Werd` ich`s finden ?

Es zerreißt mich, möchte weinen, schreien.
Doch wer soll es hören ?
Meine Worte verweht der Wind.
Sie gelangen nicht zum Glück.

Das Glück ist grausam, hart.
Es hat sich abgewandt von mir.
Wo ist es ?

Werd´ müde vom Leben, vom Suchen.
Habe keine Kraft mehr.
Wo bist du Glück ?

Dunkel das Leben. Einsam der Mensch, der Ort.
Kein Lachen, keine Freude, kein Glück.
Aus. Alles aus "

Mutterglück

" Mutterhände ruhen nie, schaffen ewig.
Die Mutter ist die Statthalterin der Liebe,
die Bewahrerin der Geborgenheit,
Sie gibt dir Frieden, Sie weiß was du brauchst.

Sie behütet uns, beschützt uns vor der kalten Welt,
hilft uns in der Not, nimmt uns die Sorgen.

Ängsliche Kinderaugen schauen der Mutter in Ihr
göttliches Antlitz. Es gibt keine Tränen mehr.

Sie ist die leibhaftige Liebe, Wärme erfüllt das Herz.
Gesttreichelt wirst du von Ihr zu den Träumen.

Und wenn ich Sie dann einst im Totenbette vor mir
sehe, ein Teil von mir ist dann auch nicht mehr.

Ehre die Mutter, Sie hat es mehr als verdient. "

Auf der Straße

Es war warm. Eigentlich war es für die Jahreszeit zu warm, denn der Herbst der schon sehr früh in   diesem Jahr Einzug gehalten hatte, verbannte den Sommer schon vor Wochen zur Ruhe, Und doch, es war warm.

Er ging. Er ging die Straße entlang. Wie lange er schon Straßen entlang ging wußte er nicht mehr zu sagen. Jedenfalls sehr, sehr lange. Das wußte er. Seine Schritte waren klein, nicht hastig aber zielstrebig, nicht zögernd, gradlinig. Er kam gut voran mit seinen Schritten. Doch manchmal hatt er sich gewünscht weniger gut in seinem Leben voranzukommen. 72 Jahre war er nun alt. Oh ja, 72.

Er hatte schon viel in seinem Leben gesehen .

Der kleine, schäbige abgewetzte Rucksack, der schon bessere Zeiten gesehen hatte, schlug sachte im Takt seiner zielstrebigen Schritte gegen seinen geraden Rücken. Jedem anderen hätte dieses Schlagen aus dem Takt, aus dem Rhytmus gebracht: Er nahm es schon lange nicht mehr zur Kenntnis. Schon ewig nicht mehr. Zu seiner Rechten erhob sich die Wand des Waldes. Die zum größten Teil schon herbstlich verfärbten Bäume reckten ihre Äste gen Himmel. Es sah so aus, als wollten sie den Sommer zurückholen. Sah er nach Links, so schweifte sein Blick, der immer noch sehr klar war, über Felder und Wiesen. Es duftete nach Gras, nach Wald, nach Kindheit.

Ganz in der Ferne erspähten seine wachen Augen die dunkle Spitze eines Kirchturmes. Das Dorf.

Er sah zum Himmel. Vereinzelt schoben sich Wolken vor die strahlende Sonne, die fast im Zenit stand.

Noch gut eine halbe Stunde, dachte er, dann bin ich im Dorf. Seine Lippen zuckten leicht. Doch die Schritte blieben zielstrebig. Er wurde nicht schneller, Er hatte ja Zeit, viel Zeit sogar.

Sein Blick ging wieder zurück zur Straße. Wie ein aufgemalter Strich zog sie sich gerade durch die Landschaft. Nur ganz gute Augen sahen weit, weit vorn wie die Straße eine leichte Biegung zum Dorf nahm. Er hatte ja gute Augen.

Plötzlich aber stockten seine zielstrebigen Schritte. Er hielt inne und ging zum Straßenrand, stieg ein Stück Böschung herab und ließ sich ins frische duftende Gras sinken.

Aus seiner großen Jackentasche holte er eine kleine gebogenen Pfeife hervor. Schon sein Vater und auch der Großvater davor hatten diese Pfeife schon benutzt. Sie hatte schon viel gesehen. So wie er.

Der Tabak, den er in die Pfeife stopfte, war pechschwarz und brannte auf der Zunge. Er nahm das nicht mehr wahr. Es war ihm egal. Er hatte sich daran gewöhnt. Dennoch saugen seine blassen Lippen geniesserisch an dem abgenutzten Mundstück der alten Pfeife. Sein weißbehaartes Haupt sank auf den Grasteppich. Er streckte die dünnen, aber dennoch kräftigen Beine aus. Es tat ihm gut, so zu liegen. In regelmäßigen Abständen blies er dichten, grau-weißen Rauch in den warmen Herbsthimmel. Als kleiner Junge hatte er schon Pfeife geraucht. Heimlich. Natürlich.

Abends, wenn er vom Spielen und herumtollen nach Hause kam, verzog Vater oft das Gesicht. Er roch es wohl. Doch gesagt hatte er nie etwas. Er hatte eigentlich nie viel gesagt. Ihm, Vater, war stets in Erinnerung geblieben, das er selber einmal Kind war. Das hatte er ihm einmal gesagt. So war dann auch seine Erziehung verlaufen. Obwohl Vater im Leben ein gestrenger Ratsherr war. Zu ihm war er nie streng gewesen. Anders Mutter. Ihr dichter Haarknoten verlieh ihrem scharf geschnittenen Gesicht einen noch härteren Ausdruck. Meist erzog sie ihn, Vater mußte ja viel und hart arbeiten. Und doch hatte er sie beide sehr lieb gehabt. Jeden auf eine andere Art. Seine Jugend verlief alles in allem ereignislos. So wie die Kindheit und Jugend anderer auch.

Die Schulzeit war hart aber dennoch auch schön. Er war ein mässiger Schüler. Am liebsten schrieb er Naturaufsätze. Nach der Schule ging er in die Lehre zu Kaufmann Schulte, ein alter Bekannter seiner Eltern. Vater wollte das er einen soliden Beruf erlernte. Kaufmann war zu seiner Zeit ein sehr solider Beruf. Die Lehrzeit bei Kaufmann Schulte, der eine kleine Eisenwarenhandlung betrieb, die schon sein Vater und der Großvater betrieben hatten, war ebenso hart wie die Schulzeit. Wenn er des Abends müde von der Arbeit nach Haus kam, dass eine andere Müdigkeit war als die vom Spielen, wurde rasch etwas gegessen. dann ging er zu Bett.

13

„Lehrjahre , mein Sohn, sind noch nie Herrenjahre gewesen." Vater sagte dies immer mehr zum Trost denn zur Ermahnung.

Die Lehrjahre brachte er gut hinter sich. Die Abschlußprüfung bestand er sogar mit einer sehr guten Note. Vater blickte mit stolzen Augen auf ihn. Mutter weniger. Für sie war es ein lästiges Muß. Er blieb noch eine Zeitlang in Schultes Geschäft, als dessen Vertreter wenn dieser was des öfteren vorkam, auf Geschäftsreise ging. So lief alles eine Weile. So wie er bisher über die Straßen gelaufen war. Geschwister hatte er keine. In dem kleinen Haus der Eltern war es auch so oft genug laut. Vater spielte sehr gerne Klavier. Immer wenn Großvater zu Besuch war spielten sie häufig gemeinsam. Der Großvater verbrachte viel Zeit in dem kleinen Haus, seit Großmutter tot war.

Er fühlte sich oft allein und hin und wieder rann eine Träne an seiner Wange herab. Dann, als auch der Großvater Heim ging, wurde es doch ruhiger in dem kleinen Haus, dass mit seinem kleinen Garten an eine große, breite Straße grenzte...

Die Straße.

Seine Gedanken kehrten zurück in die Realität.

Längst war die kleine gebogene Pfeife erkaltet. Er klopfte die Asche mit der hohlen Hand aus und verstaute die Pfeife wieder in seiner großen Jackentasche. Dann stand er auf.

Tief atmete er die klare frische Luft ein. Etwas umständlich ging er wieder die Böschung hinauf zur Straße. Nun doch mit etwas zittrigen Schritten begann er seinen Weg fortzusetzen. Das Alter machte sich doch hin und wieder bemerkbar. Es forderte seinen Tribut. Er wußte das. Wie alles im Leben.

Langsam kam das Dorf näher. Er beschleunigte etwas seine Schritte. Nun wurden sie doch hastig.

Schließlich nach einer Weile sah er es. Das Haus, der Garten. Die ersten Tränen begannen zu laufen, bald so viel, dass sich kleine dunkle Punkte auf dem grauen Asphalt bildeten.

Er war wieder zu Hause. Die vielen endlosen Straßen hatten ihn wieder nach Hause geführt.

Die Wohnung im Keller

Die Schneeflocken fielen, in dichtem Gedränge, auf die Stadt. Jede einzelne
Schneeflocke schien den Anspruch erheben zu wollen, einzigartig zu sein,
schöner und größer als all die anderen. Doch erst im Zusammenspiel mit
den anderen Flocken konnte man die Einzigartigkeit erkennen.
Es schneite bereits seit einigen Tagen und eben dieses Zusammenspiel der
Flocken wollte glauben machen, die Stadt im Schnee ersticken zu lassen.
Manchmal hielten die Schneeschauer inne und es hatte den Anschein das sie
Kraft sammelten um dann noch vehementer einsetzen zu wollen.
Unendlich schwere, dunkel-bis hellgraue Wolken bedeckten den Himmel an
dem im Sommer ein warmes Blau zu sehen war. Die Stadt hatte schon oft
einen schneereichen Winter gesehen. Schröder auch. Für ihn war das nichts
neues. In all' diesen vielen Jahren, in denen er schon in der Stadt lebte, hatte
ihm das Wetter nie etwas ausgemacht. Die Natur hatte ihm ein gewisses
Maß an Robustheit mitgegeben so dass ihm auch dieser jetzige Winter nicht
viel an zu haben schien. Aber es schien nur so. Schröder war klein, vom
Wuchs her, was durch sein rundliches Gesicht, dass von einem dünnen
Oberlippenbart geziert wurde, dass Ganze noch etwas unterstrich. Unter
buschigen Augenbrauen blickten blaue wache Augen in die Welt, in denen
immer, mochten die Zeiten auch noch so schlecht gewesen sein, ein gütiger
und liebevoller Ausdruck lag. Er war eben so. Sein Kopf war unbedeckt,
nicht weil er keinen Hut tragen wollte, sondern weil er kein Geld hatte um
sich einen zu kaufen.
Seine Schuhe, die er bereits eine Ewigkeit besaß, versanken in dem immer
höher werdenden Schneeteppich, der in den Seitenstraßen der Stadt rasch
wuchs.
Es war kurz vor Weihnachten. Reges Leben herrschte auf den Straßen,
wenig beeindruckt von dem starken Schneefall. Auf dem Marktplatz hatte
ein übergroßer Weihnachtsbaum seinen Platz gefunden, der aber nicht
sonderlich schön geschmückt war und, etwas lieblos hingestellt, seine Zeit
fristen sollte, Schröder eilte über den Marktplatz vorbei an dem lieblosen
Baum, bog in die Kirchgasse ein und hatte dann noch ein gutes Stück bis zu

seiner Wohnung zu gehen.

Seit nunmehr 25 Jahren wohnte er in der Stadt. Die Eltern waren früh gestorben und als einziges Kind wurde er dann von den Großeltern dazu befähigt, dass er heute durch diese schneebedeckten Straßen laufen konnte. Die Schulzeit vermochte ihn nicht recht zu begeistern und so kam es, dass er schon sehr früh zu arbeiten begann. Bei einem Gemischtwarenhändler sammelte er seine ersten Erfahrungen in der Welt der Erwachsenen und würde heute alles dafür geben, nur um noch einmal Kind sein zu dürfen. Doch die Kindheit begegnete ihm dann noch einmal in der Form, als dass er heute wieder bei einem Gemischtwarenhändler arbeitete. Baltke und seine beiden Söhne waren ein Begriff in der Stadt. In einem großen Geschäft arbeiteten zusammen mit ihm, mit Schröder, noch 15 andere Angestellte, die dafür sorgten, dass das Geschäft gut lief. Und es lief nicht schlecht. Jedenfalls für Baltke und seine Söhne nicht. Schröder kam mit seinem Lohn nicht aus.

„ Seien Sie doch froh das Sie überhaupt Arbeit haben, Mann. Wissen Sie eigentlich was für Zeiten wir haben ? " Schröder schüttelte sich leicht als er die wulstigen feuchten Lippen von Baltke vor sich sah, der ihm das noch heute morgen gesagt hatte. Sicher, Baltke war ein Ausbeuter, aber hatte er nicht vielleicht auch ein wenig Recht? Die Zeiten waren tatsächlich schlecht, wer Arbeit hatte, galt als privilegiert. Schröder lächelte bitter. Tatsächlich sollten schon Menschen vor Hunger auch in der Stadt gestorben sein. Schröder glaubte das nicht so recht. Eine solche Welt konnte es doch nicht geben. Jedenfalls nicht hier.

Durchnäßt und frierend erreichte er seine Wohnung. Sie lag im Keller eines grobklotzigen Hauses, dessen Fassade ihn an eine merkwürdige Art an den alten Baltke denken ließ. Er ging hinein in dieses Haus das natürlich schon bessere Tage gesehen hatte und als er den Flur betrat, schlug ihm ein Geruch entgegen, der ihn immer an Ratten denken ließ.

„ Es ist ein kranker Geruch ", Schröder dachte es jedes mal. Im Hausflur und im Treppenhaus hingen vereinzelt losgelöste Tapeten von den Wänden und es sah so aus, als wollten sie den Vorbeigehenden am Weitergehen hindern. Denn das Haus war nicht nur von aussen unansehnlich, sondern auch von innen. Niemand machte sich die Mühe etwas zu reparieren.

Schröder ging auf eine fahl schimmernde Metalltüre zu, öffnete sie und stieg die wenigen Stufen in den Keller hinab, wo sich seine Wohnung befand. Souterrain, dieser Begriff hörte sich freilich besser an. Am Ende eines kleinen Ganges, dessen Enge durch eine spärlich brennende Lampe etwas gemildert wurde, erreichte Schröder sein Nest, wie er es immer selbst zu bezeichnen pflegte. Es gab ihm das Gefühl das er doch etwas besonderes hatte.

Mit klammen Bewegungen betrat er wenige Augenblicke später seine Wohnung um mit einem lauten ächzen auf einen Stuhl zu sinken, dass dieser mit einem quietschenden Geräusch entgegnete.

Durch zwei kleine Fenster, die mit dem Erdboden abschlossen, fiel schmutzig-graues Licht in den Raum seiner Wohnung. Schröder starrte minutenlang regungslos auf die beiden Fensteröffnungen. Dann begann er zu frieren. Es war das Frieren des sich nicht Bewegens, das langsam von innen heraus entsteht. Auch ohne äußere Umstände. Seine noch starken Zähne schlugen in einer Art rhytmischen Takt aufeinander und seine Hände, die schon viel, eigentlich schon zu viel gearbeitet hatten, begannen zu zittern. Mit einem tiefen Seufzer erhob sich Schröder und ging mit steifen Schritten auf einen kleinen Ofen zu, der in einer Ecke der Wohnung stand. Er war kalt. Später als die winterliche Dämmerung Einzug in die Stadt zu halten begann, war es in Schröders Wohnung wieder wohlig warm. Er saß an einem Tisch und aß etwas Brot mit Wurst. Den Kaffee den er dazu trank schmeckte bitter, tat aber gut. Die Vorräte an Lebensmittel gingen bald zur Neige; er mußte neue einkaufen gehen. Das bisschen Lohn reichte so grade eben zum Leben aus, ein Leben, dass seiner Ansicht nach kein richtiges Leben war. Sorgen und Nöte wogen schwer, die Last des Alltags und des zunehmenden Alters taten ihr übriges. Wozu lebe ich überhaupt noch ? Die an ihn selbst gestellte Frage beantwortete er stets mit einem gequälten Lächeln und dem eigenen Erklärungsversuch, dass er vielleicht zu der Sorte von Menschen gehörte, die einfach dazu geboren waren, so zu leben. Nun war er nicht unbedingt ein Fatalist, doch gänzlich ausschließen wollte er eine schicksalhafte Fügung auch nicht. Andererseits gehört im Leben auch einiges Glück und glückliche Umstände dazu. Das war seine Meinung. Kaum hatte er den Gedanken zu Ende gedacht kamen die Schmerzen. In den

Anfängen war es immer nur ein leichtes Stechen in der Brust gewesen; jetzt kam es ihm so vor. als würden ihn stählerne Klauen umfassen die ihn langsam zermalmen wollten. Sein Herz begann zu rasen und kalter Schweiß bildete sich trotz der wohligen Wärme im Zimmer auf seiner Stirn aus. Das Herz. Schröder kannte die Anzeichen; es war ja nicht das erste Mal.
Stöhnend setzte er sich auf sein Bett um dort in halb liegender Stellung zu verharren, bis die Schmerzen nachließen.
In der Nacht schlief er unruhig. Oftmals wurde er schweißgebadet wach um dann sofort wieder in einen tiefen Schlaf zu fallen. In der Wohnung war es bitterkalt geworden, so kalt, dass Schröder fast dunkelblaue Hände hatte, als er sich am Morgen vom Bett erhob. Benommen stand er auf und schlurfte zum Waschbecken. Plötzlich und ohne Vorwarnung wurde ihm übel. Farbige Kreise und sternähnliche Gebilde flackerten vor seinen Augen. Und dann fiel er. Den Aufprall auf den harten Boden spürte er schon nicht mehr. Er spürte nur, wie langsam seine Kraft, sein Leben aus dem geschundenen Körper wich. Schmerzen hatte er keine. Dafür breitete sich ein unendlich leichtes und befreiendes Gefühl aus. Und zum allerersten Mal hatte Schröder den Gedanken :

Wie schön ist doch das Leben !!

Überlegungen

*Die Sonne lacht, der Himmel strahlt, Wölklein ziehen gleich Schiffen
am himmlischen Firmament der Unendlichkeit dahin.
Weiß, manchmal dunkel.*

*Der Geist ist frei, zieht umher gleich den Wolken, ohne Angst vor dem
morgen. Das heute zählt, die Wärme der Sonne, die helle des Lichtes,
der Odem der Freiheit.*

*Keine Trübsal, keine Pein; nur Frieden und Ruhe. Unendliches Glück.
Vergänglich scheint heute nichts.*

Doch was wird morgen sein ?

Leben

„Hört das Schlagen der Hufe, Hört das Wiehern der Pferde.
Sie traben dahin, stolz und ehrlich.
Hinter sich die Droschke ziehend.

Klein das Gefährt und doch so groß.
Vorbei am singenden Wasser, grüßend den erhabenen Wald,

Heiß ist der Tag. Trotzdem, die Ameise schafft, ruht nie;
stets fleißig".

Arbeit

*Hurtig, hurtig. Die Arbeit ruft. Läßt dich nicht los. Wohlan zum
erquicklichen
Schaffen. Abschütteln des Schlafes wie der Wakld sein buntes Kleid
im Herbste.*

*Die Hände schaffen was der Geist befiehlt. Nichts gelingt was der
Geist nicht will.
Erblühen der Seele beim Schaffen. Wohlige Müdigkeit wenn das Werk
getan.*

Frohsinn. Die Arbeit ruft.

Tod

Die Angst vor dem Tod begleitet uns. Was ist danach?
Leben? Dunkelheit? Nichts ?

Geben ist das Leben. Nehmen der Tod.
Doch auch der Tod kann geben.

Törricht, Du fragst, was denn?
Frieden für deine gequälte Seele.

Warum Angst vor dem Tod ?

Glückseligkeit

Holdes Glück allein, deine warmen Strahlen halten meine Seele samten.
Schützend ist dein geheimnisvolles Gehäuse, wärmend für die suchenden
Seelen die zu dir wollen.

Dein Vater ist der Friede, deine Mutter die Liebe.
Deine Geschwister heißen Wohlwollen und Erhabenheit.

Gleich wie das Rehlein blickst du mit großen gütigen Augen den Suchenden
an.
Auf des Windes Schuhen eilst du zu ihm, erquickst seine Seele, seinen Geist.

Du labst den Durstigen, heilst den Verwundeten.
Wer ist deiner gleich?

Holdes Glück allein, deine warmen Strahlen halten meine Seele samten.

Seelenweg

Im Dunkel der Zeiten wandert die Seele durch das Leben.
Auf der Suche nach der reinen und wahrhaftigen Vollkommenheit
findet sie auf ihrem Weg stets ein Teil der selben

Unsterblich bist du, 0 Seele.
Die Götter mögen dich erzeugen, das Universum gleichsam
doch dein Weg ist bestimmt

Vom Anfang der Dinge führt dein Weg zum Licht.
Am Ende deiner langen Reise erfährst du, o Seele, was dir wird gegeben.

Dann ist dein Suchen vorüber und du bist frei.

Hochzeit zweier Tauben

Wenn zwei Tauben, nach natürlich reiflicher Überlegung aber ohne Abwägung bestimmter Interessen und Anliegen, die Ehe eingehen wollen, stellt sich stets und immer nur die eine alles umfassende Frage, wo denn nun geheiratet werden soll? Es muß also ein höchst geeigneter Platz gefunden werden. Da eine kirchliche und standesamtliche Trauung im engeren Sinne entfällt, erübrigt sich auch ein gewisser bürokratischer Aufwand, der vor jeder konventionellen Eheschließung in Kauf genommen werden muß; aber eben nicht so bei Tauben. Denn so ganz spontan und ohne amtliches Procedere geht es bei uns Menschen ja nun nicht. Mal eben so heiraten.

Nun, wie dem auch sei, müssen unsere beiden Tauben dann nun eben eine passende Lokalität finden um den Weg durchs Leben gemeinsam gehen (fliegen) zu können. Ganz gleich was da auch kommen mag. Wieder ein kleiner Unterschied zum Menschen. Ein in höchstem Maße geeigneter Ort und somit die adäquateste Lokalität würde zweifelsohne eine behagliche Nische einer Kirche darstellen; alternativ würde es gar auch auf dem Kopf des kirchlichen Wetterhahnes gehen, vorausgesetzt das Wetter spielt auch mit. Aber Tauben sind da eh nicht so verweichlicht. Taube erlebt schon schlimmeres und ärgeres ,als die Unbillen des Wetters auf einem Wetterhahn erdulden zu müssen.

Oder wäre vielleicht das staatliche Naturkundemuseum geeigneter, oder das Polizeipräsidium?

Nun kommt es natürlich oder besser gesagt selbstverständlich auch darauf an, ob unsere beiden Tauben ein bestimmtes kulturelles Anliegen in ihrem kleinen Herzen besitzen. So könnte dann auf dem Dach der Turnhalle einer Schule geheiratet werden; besitzen unsere Tauben aber mehr ein gesellschaftspolitisches Anliegen wäre natürlich und unweigerlich das Dach des Rathauses vortrefflich.

Ist dann nun nach langem suchen der schönste Platz gefunden, müssen die Vorbereitungen getroffen werden. Der Ort soll schön geschmückt werden, schließlich muß man ja Eindruck schinden; was würden sonst die Leute, äh, die anderen gefiederten Brüder sagen ?

Etwas Laub hier, ein paar Zweige dort, etwas Moos noch oben drein und schon geht`s zum Stelldichein. Allerdings müssen vorher noch gewisse

Essensvorbereitungen getroffen werden.

Würmer, Fliegen, Maden, allerlei Leckereien die das Herz und insbesondere die Zunge begehrt.

Für jeden Geschmack ist etwas dabei. Und zu guter Letzt muß noch die Gästeliste erstellt werden.

Eingeladen werden der Star nebst Anhang, die Meise , die Amsel, Buchfink und Rotkehlchen. Größere Artgenossen erhalten wohlweislich keine Einladung. Sie verspeisen eh alles allein und fallen meistens immer in höchstem Maße unangenehm auf. Wie, dass sei dahingestellt.

Großmutter Taube und der Großvater männlicher Seits sind eingeladen. Geschwister und andere nahe Verwandte natürlich auch. Leider sind die Eltern unserer beiden Tauben schon verstorben. Es ist eben sehr gefährlich sein Essen auf Straßen oder anderem gefährlichen Terrain suchen zu müssen; notgedrungen, denn gefüttert werden darf ja nicht mehr. Warum auch immer! Dann nimmt man doch lieber ein armes kurzes Taubenleben in Kauf. Es gibt doch genug davon. Wie schön aber, dass diese Denkweise bei Tauben nicht verbreitet ist.

Dann also kann das Fest beginnen. Wie bei vielen anderen fröhlichen Zusammenkünften auch wird gelacht, gesungen, getanzt und geplaudert. Die neueste Mode, das aktuellste Ereignis aus der Nachbarschaft; der neueste Tratsch wie auch der traurigste Schicksalsschlag werden begeistert oder eben weniger erörtert. Nichts bleibt unerwähnt. Schließlich bietet so ein Fest auch einmal die vorzügliche Gelegenheit, seinem Frust und Ärger Luft zu machen. Wo man ja sonst nicht viel zu lachen hat. Schon gar nicht als Taube.

Getrunken wird selbstverständlich auch. Ein Fest macht eben auch durstig. Die eigentliche Trauung vollzieht niemand. Tauben nämlich finden sich und bleiben dann zusammen, auch ohne Trauschein.

Schließlich bedarf es keines amtlichen Siegels um seinem Partner auch in schweren Zeiten die Stange halten zu können und nicht beim kleinsten Problem davonflattern zu müssen. Denn schließlich ist dies ja der zweitwichtigste Grund für eine Eheschließung, nach den steuerlichen Vorteilen, selbstverständlich.

 So verläuft das wenig beachtete aber dafür um so schönere Fest unserer

Tauben wie viele andere Feierlichkeiten auch. Vielleicht sogar etwas lieblicher. Es wird einem ganz warm ums Herz, stellt man sich vor, einmal wie eine Taube den Bund fürs Leben schließen zu können...

Seelenweg

„Im Dunkel der Zeiten wandert die Seele durch das Leben
Auf der Suche nach der wahrhaften und reinen Vollkommenheit
findet Sie auf ihrem Weg stets ein Teil derselben.

Unsterblich bist du, o Seele
Nicht mit dem Leibe bist du eins, nein, mit dem Geiste bist
du in Einklang auf der Suche nach dem reinen Glück.

Die Götter mögen dich erzeugen, das Universum gleichsam;
doch dein Weg ist bestimmt. Vom Anfang der Dinge führt dein
Suchen zum Licht.

Am Ende deiner langen Reise war dieses Suchen nur der Weg,
den Du immer schon gegangen bist und nie verlassen hast.

Du warst immer schon im Glück".

Einklang

„Es fällt der Schnee so leis`auf die stille Welt,
lieblich fallen die Flocken zu Boden,
behutsam wird die Nacht erhellt.

Gleich funkelnden Diamanten zeigen sie dem Wanderer
den Weg.
Frau Holle schüttelt gar kräftig,
Der Schuhe Abdruck formt sich im Schnee
und ist gar bald verweht.

Die Kindlein lachen und freuen sich sehr,
beim Anblick der weißen Pracht
doch ehe sie spielen im herrlichen Schnee
werden sie zur Ruhe gebracht.

So wird die Nacht zum Tage, noch ruhiger als sonst ist sie,
schwer liegt das Weiß auf des Baumes Ast
und scheint Ihn zu erdrücken, doch für Ihn ist es keine Last"

Dein

Deine Nähe ist mein Lebensodem, fürwahr, Du bist mein
Stern.
Nicht Leben ohne Dich, noch Sterben ohne Dich.
Ein Teil seist Du von mir und ich von Dir.

Dein Lachen erfüllt meine Seele mit Freud`,
Dein Antlitz gleich dem Saphir,
Du nimmst die Pein und den Schmerz von mir.

Deine samtweichen Hände sind so vorsichtig und zart,
deine Worte sind wie Balsam für meine Seele,
dein Blicken erlöst mich von allem quälen
und das Leben ist nicht mehr hart.

Jungbrunnen

„ Du bist das Licht in meinem Leben,
dein Lachen erfüllt mein Herz mit Wärme.

Für Dich und durch Dich lebe ich.
Deine Liebe ist wie der Odem des Lebens.
Deine Kraft gibt mir die Kraft des Lebens
harten Weg zu gehen.

Selbst der alte Gevatter wird meine Liebe zu Dir
mir nicht nehmen können".

Schaffen

Wohlauf, wohlauf zum erquicklichen und fröhlichen Tun.
Schaffen, schaffen bis zum End.

Es jauchzt das Herz, es singt die Seele vor lauter Glück.
Gar emsig eilen wir zum Werke.
Frohsinn und Lebenslust erfüllen die Gemüter.

Wer ist Traurig? Wer singt nicht mit ?
Fortuna regieret heute, morgen und immerdar.

Sonnenschein

„O Sonne, du scheinest heut`mit Wonne.
Deine Strahlen dringen in jedes Herz
und vertreiben gar manchen Schmerz.

Du kommest in jedes Stüblein, strahlest herein,
machst fröhlich das Männlein und das Weiblein.

Ach würdest du doch ewig sein
und ich bin für immer dein".

Waldgang

„ *Es läuten die Glocken des Waldes und rufen den einsamen*
Wanderer.
Ihr ewiges Lied erzählen von Ruhe und Glückseligkeit.

Wer schreibt die Noten ? Der Himmel !
Wer spielt auf   ? Die Bäumlein !

Vergessen ist die Seelenpein, vergessen all`der Kummer.
Heute bin ich dein und morgen bin ich dein;
bist du dann auch mein ?

Gar lustig springet das Wasser des Bächleins über das Gestein,
geht einher mit seinem Weg.
Die Himmel jubilieren, gar mancher Ruf wird erhört"

Rebellion

Auf zum fröhlichen Spinettentanz.
Erquicklicher Reigen der Fürstenschaft,
wohliges lauschen den fürstlichen Klängen,
feine Laute durchdringen den Saal.

Und draußen tobt das Volk.
Rasende Burschenschaften tanzen auf dem Vulkan.
Der wilde Veitstanz wird ausgerufen.

Besonnene Rufe der Fürstenschaft,
laute Schreie des Volkes.
klirren der Gläser, rasseln der Säbel.
groteske Sprünge des wilden Volkes.

Erschrecken der Fürsten, schäumender Zorn des Volkes,
herbeieilen der Wachen, das Volk darf nicht in die Burg

ermahnende Worte der Fürsten, wüstes Brüllen des Volkes

Der flackernde Feuerschein wirft dunkle Schatten auf
die Burg,
warmer Kerzenschein innen ist die Antwort.

Ratloses gestikulieren der Massen
erhabene Bewegungen der Fürsten.
Zornige Grimassen der Scharen,
zufriedenes Lächeln der Fürsten.

Du

„*Wenn ich nun geh`bist Du nicht bei mir, Deine Nähe fühl`ich nicht*
deine Wärme ist nicht hier.
Kein Glück noch Jubel. Trauer, Schmerz zerreißt meine Seel`.

Glück dem Verliebten. Süß umspinnt dein Zart sein Herz.
Laß`s gern mit mir geschehen. Wo Du bist bin ich.

Suchen werd`ich Dich, o du mein Lieb, über den Tod hinaus".

Windgesang

Der Wind der Wind, gar emsig ist sein Gang.
Bald tosend, mal brausend, dann lieblich und warm.

Lustig schüttelt er das Bäumlein, trägt den Gott zu seinem Hort,
wiegt das Vöglein in seinen Armen, trägt die Seele sanft empor.

Der Glocken Ton bringt er über`s Land, zersaust des Wanderers
Haar, streichelt die Wang` des Kindes.

Geheimnisvoll sein Lied, dunkel sind die Noten.
Flüstern und Raunen, hoffen und trauen sind seine Geselln.

Lieblich sein Wort, erhaben sein Gesang.
Woher er kommt, wohin er geht ? Wer vermag`s zu sagen?

Ewig sein Gang, immerdar sein Gesang
Erzählt von Schmerz, Glück und Liebe.
Der Wind der Wind, gar emsig ist sein Gang.

Dort drüben

„So auch das Leben mag vergehen, es bleibt erhalten.
Es mögen die Gedanken vergehen, sie bleiben erhalten.
s`erscheint so klar und ist doch im Dunkeln.

Kein Odem wird vergehen, er bleibt erhalten.
Im Dunkel des Geistes liegt die Antwort.
Mag sterben was da ist, es wird leben.

Unbegreiflich was dort ist, mit Worten nicht zu sagen.
Doch hört, es raunt eine tiefe verborgene Stimm`.
verliert der alte Freund Hein doch seinen Schrecken".

An meine Frau

„Ich bin so verzückt, denn ich liebe Dich wie verrückt.
Ich liebe Dich sehr, drum hoffe`ich, Du mich um so mehr.

Manchmal gibt es auch Streit, doch meistens schnell sind
wir wieder vereint.

Auch wenn es nicht immer leicht ist sind wir uns schnell einig.
Du bist so schön wie ein Saphir, drum träum ich oft von Dir.

Dein Lachen ist so warm wie ein Sommerwind.   ^
so offen wie von einem Kind.

In deinen Augen seh` ich die liebende Seele,
fürwahr kleine Frau, du bist gütiger als Gott".

Kinderseele

In der zarten Kinderseele ist die Welt noch lieb;
doch es dauert nicht lange, da kommt der erste Hieb.

Du wirst erzogen, gewaltig wird an deiner Seele gezogen.
Du wirst geformt, später dann bist Du genormt.

Anfänglich will deine Seele noch schreien,
doch niemand kann sie mehr befreien.

Du weinst und klagst, trauerst und flehentlich ist deine Bitte,
doch niemand wird dich zurückbringen zur Mitte,

Deine Tränen werden immer weniger, erstarren dann zu Eis,
aber nur Du bist es, der das fühlt und weiß.

Später dann kommt die Zeit da mußt Du gehen,
und dann hat dich niemand jemals richtig gesehen.

Wolkenspiel

Ach wie zerreißt der Schmerz meine Seel`
wenn ich dein Leiden seh`.
Mein Herz liegt in der Brust so schwer,
doch ich find`keine Hilfe mehr.

Dunkle Gedanken ziehen ihre endlose Bahn,
schwer der Traum der bis zum Morgen wacht.
Der Morgen kommt in neuem Glanz,
und ich wünschte ich wäre noch ganz.

Doch des Lebens Gang kennt keine Gnade,
er zieht dich quälend mit,
was immer auch jetzt geschieht,
das Leben hat dich nie geliebt.

Du würdest so gerne noch leben,
doch die Kraft ist nicht mehr da.
Sie geht langsam aus meiner Seele
und du fühlst wie es einmal war

Traumwelt

Meine Augen sehen deine Qualen und helfen würd`ich dir so gern`
doch es gibt keine Güte mehr und der Frieden ist weit und fern.

Deine Stimme fleht um Hilfe, doch so grausam ist der Weg.
Ich möchte Dir so vieles ersparen, doch ich weiß nicht wie es geht.

In deinen Augen seh´ich die wahre Liebe, sie ist mein einzig Trost.
Du bist für immer mein und das nimmt etwas die Pein.

Und ist dann die Schwelle erreicht, so gehen wir beide darüber
und betreten den lichten Raum.
Denn es war alles bloß ein böser Traum.

Aus einem Leben

Der Wecker klingelte. Die ersten Töne nahm Brossmann´s Unterbewußtsein fast unmerklich wahr.

Zunächst ganz zart und schwach, dann in sekundenschnelle zu einem unerbittlichen und für den Schlafenden zu einem Ohrenbetäubenden Hämmern anzusteigen welches sich schnell im Bewußtsein manifestierte um dann eben so schnell decodiert zu werden: Die Zeit war um.

Brossmann schlug die Augen auf. Fahles, unfreundliches Morgenlicht drang durch die Jalousien des Fensters. Die Geräusche des Weckers, diese bohrenden und nicht endend wollenden Geräusche, waren mittlerweile zu einem kläglichen blechernen klopfen geworden und verstummten nach einer kleinen Weile ganz. Halb sechs in der Früh. Noch ein oder gar zwei Minuten liegen bleiben, sich erst mal erholen vom Schlaf, dachte Brossmann. Wie absurd. Er war müde vom Schlafen.

Der Rücken schmerzte, die Hüfte tat ihr übriges und außerdem war die alte Matratze des Bettes wer weiß wie alt. Er wußte es nicht mehr. Er ging, eigentlich war es mehr ein schlurfen, ins Badezimmer, wobei dieses Badezimmer eigentlich kein richtiges Zimmer war sondern nur eine separate Nische. Da das ganze durch eine halbe Wand vom übrigen Zimmer abgetrennt war betrachtete es Brossmann eben als eigenständiges Zimmer. Was braucht ein Mensch auch mehr?

Eine Toilette und ein altes schmutzig weißes Waschbecken aus dessen Wasserhahn in regelmäßigen Abständen ein Wassertropfen herabfiel um mit einem monotonen Geräusch auf sich aufmerksam zu machen. Brossmann sah in den kleinen stumpfen Spiegel der über dem Waschbecken hing. Ein müdes und fahles Gesicht sah ihm entgegen und traurig blickende Augen versuchten krampfhaft ein gequältes Lächeln zu unterstützen. *„Du bist alt geworden, mein Junge. Warum tust du dir das noch an ? Leg`dich wieder hin und laß die Firma sein wo sie ist. Es geht auch ohne Dich ."* Mehr in Gedanken, denn in Worten, murmelte er diese Aufforderung an sich selbst. Natürlich würde es auch ohne mich gehen, denkt Brossmann. Aber es geht nichts ohne Geld !

Mit kaltem Wasser wusch er sich ab, putzte die Zähne und rasierte sich dann noch. Er kleidete sich an, aß etwas Brot und verließ, sich etwas besser fühlend, die Wohnung.

Als er die Straße vor dem Haus betrat bemerkte er schon einige Schweißtropfen die langsam von seiner Stirn herunterrannen, denn es war schon bereits um diese Uhrzeit sehr warm. Hochsommer eben und selbst in den Nächten verspürte man nur geringfügig eine Abkühlung. Mittlerweile war es halb sieben und auf der Straße und ihrer Umgebung herrschte schon reges Geschehen.

Menschen eilten vorüber, Vögel zwitscherten und begrüßten den warmen Morgen. Für einen Moment kam es Brossmann so vor als wie wenn es nie eine Nacht gegeben hätte. Eigenartiges Gefühl. Er hatte es nicht allzu weit bis zur Firma. Eine gute viertel Stunde Fußweg. Deshalb brauchte er sich auch nicht zu beeilen. Wenigstens ein Vorteil in meinem Leben, dachte er. Dann sah er den alten Mann mit einem Hund an der Leine. Die Blicke der beiden Männer trafen sich und für einen kurzen Augenblick hatte Brossmann das Gefühl, diesen Menschen zu kennen.

Obwohl das Gesicht und die übrige Erscheinung ihm völlig fremd waren hatte er ein tiefes Gefühl des sich Kennens, des Vertrauens.

„Guten Morgen", sagte der Mann zu Brossmann und der Hund, den er mit sich führte, wedelte freundlich mit seinem Schwanz und sah Brossmann mit großen treuen Augen an. Er erwiderte den Gruß und seltsamerweise kam ihm die Stimme dieses Mannes auch bekannt vor. Brossmannn ging weiter. Nach ein paar Schritten drehte er sich um; der Mann mit seinem Hund war nicht mehr zu sehen. Wieso war der alte Mann mit dem Hund an der Leine so urplötzlich verschwunden? Noch ehe er sich über diesen merkwürdigen Umstand weiter Gedanken machen konnte, erblickte er die Firma.

Die zarten, warmen Strahlen der Morgensonne, die genau über dem alten Backsteinhaus stand, verliehen den Umrissen der Firma einen drohenden Ausdruck. Dunkel und finster zeichnete sich die Silhouette gegen den prächtigen blauen Morgenhimmel ab. Schon vor etlichen Sommern hatte Brossmann mit viel Phantasie diesen allmorgendlichen Anblick mit dem Sturze Satans und seiner Verbannung aus dem Himmel verglichen. Die dunkel daliegende Firma mit dem prächtigen dimensionslosen Himmelszelt im Hintergrund ließen für ihn kein anderes Szenario zu.

" Morgen Brossmann, wie sehen Sie denn wieder aus ? Schlecht geschlafen, wie ?" Er hörte schon die Worte von Abteilungsleiter Kalupke. Sie mochten sich beide nicht leiden, obschon Brossmann nach seiner Vorstellung das Privileg genoß, 15 Jahre länger als Buchhalter in der Firma arbeiten zu dürfen, Also, verdammt nochmal, hatte er auch das Vorrecht jemanden zu mögen oder eben nicht !

Und obwohl Kalupke als Abteilungsleiter sein Vorgesetzter war, so wußte Brossmann aber auch ebenso gut, dass schon viele vor Kalupke dagewesen waren und viele auch nach ihm noch kommen werden. Nichts hält eben ewig im Leben, alles hat einen Anfang und Ende. Diese einfache wie auch bestechende Quintessenz seiner Lebensphilosophie hatte Brossmann stets Kraft und Zuversicht gegeben, den Unbillen und Stürmen des Lebens, so wie er es immer nannte, Paroli bieten zu können. Also, was sollte ihn ein Kalupke scheren? Dieser geistig halbwüchsige Kretin, wie Brossmann Kalupke in Gedanken stets zu bezeichnen pflegte, eben dieser oligophrene Nichtnutz, der nur etwas Glück in seinem bisherigen Dasein gehabt hatte, eben vor so einem sollte er, der stets korrekte und nette Buchhalter auch noch Respekt haben ? Dieser zynische, blasierte Hinterwäldler mit seinen vor Pommade strotzenden Haaren, der meint, dass ihm die Welt zu Füßen liegen müßte?

Brossmann hielt inne. „Reg dich nicht auf, alter Junge , diese Karikatur eines Menschen ist es nicht einmal Wert deine negativen Energien abzukriegen." Und dennoch versetzten ihn diese Gedanken in eine Art Glücksgefühl.

Er trat durch die Eingangstüre, die halb aus den Angeln hing und einst eine schöne mächtige Türe gewesen sein mußte. Längst war die Farbe abgeblättert, dass pure Holz war zu sehen, schon durch Wind und Wetter angefault. Mit langsamen Schritten ging er durch die Eingangshalle, die Sonnenlicht durchflutet vor ihm lag und einen herrlichen Blick durch die nicht mehr vorhandene Decke auf den blauen Sommerhimmel erlaubte. Auf dem Boden der Halle lagen kleinere und große Gesteinsbrocken die ehemals die ebenfalls mächtige Decke der Eingangshalle gebildet hatten. Unkraut wucherte aus dem einst so schön polierten Marmorboden. Von irgendwoher vernahm Brossmann das verhaltene Gurren von Tauben und zwitschern anderer Vögel.

Er durchquerte die Eingangshalle und steuerte zielstrebig auf sein Büro zu, dass im Erdgeschoß lag.

Seltsam, dachte er, außer mir ist noch niemand in der Firma. Haben alle verschlafen?. Wo ist Kalupke ? Wo der stets freundlich grüßende Receptionist ? Während er so grübelnd zu seinem Büro ging, vernahm er auf dem ganzen Weg einen blechernen Ton; zunächst ganz leise, der aber dann mit jedem weiteren Schritt lauter zu werden schien...

Der Wecker klingelte. Brossmann öffnete die Augen und wußte nach wenigen Sekunden, dass er geträumt hatte. Halb sechs. Die Zeit war um. Er erhob sich vom Bett, wusch und kleidete sich an, aß etwas und machte sich auf den Weg zur Arbeit. Draußen auf der Straße begegnete hm ein alter Mann mit einem Hund an der Leine. Die Männer gingen aufeinander zu, blieben dann stehen und sahen sich an. *„Guten Morgen Brossmann."*

Der Alte sprach die Begrüßung, ohne die Lippen zu bewegen. *„Guten Morgen Brossmann, "* erwiderte dieser. Aber wieso kenne ich diesen Mann mit Namen und warum kennt er mich mit Namen ?

„Ich bin Du und Du bist Ich ", fuhr der alte Mann fort ... Da klingelte der Wecker. Brossmann schlug die Augen auf und sah auf das Ziffernblatt. Halb acht. Die Zeit war um. Er stand auf, streckte sich und atmete mehrmals tief und befreiend durch.

Um die Jalousien zu öffnen, bedurfte es schon einige Zeit, denn er war ja schon ein alter Mann. In der Ecke neben dem Fenster hörte er ein leises Geräusch. *„Guten Morgen, Benno. "*

Der Hund reckte und streckte sich nicht minder wohlig und begrüßte Brossmann mit einem lauten und freundlichen Bellen.

Bemerkungen zur Zeit

Unser alltägliches Leben, unser aller Dasein wird in jeder Phase, in jedem Detail, in jedem Augenblick von einem vermeintlichen Phänomen begleitet, daßsswir Zeit nennen.

Doch was ist eigentlich die Zeit, dieser Begriff der uns von Geburt an bis zum Verlassen dieser Welt begleitet, uns vorgaukelt wir würden alt und älter werden, der uns in den wahnhaften Glauben versetzt, all die Lebensereignisse würden mit rasender Geschwindigkeit an uns vorüberziehen; was ist die Natur dieses Begriffes, der uns veranlaßt, nahezu das gesamte Leben nach ihm auszurichten, der unsere vermeintlich vorhandene innere Uhr beeinflussen soll und der uns manchmal vor angeblichen Mangel an ihm unser Leben kostet ?

Um es an dieser Stelle schon einmal vorwegzunehmen: Zeit existiert nicht. Mögen Heerscharen von Physikern und ihren geistigen Pendants, den Philosophen, auch etwas anderes behaupten. Das angeblich visuelle und sinnesmäßig erfahrbare Phänomen der Zeit ist nichts weiter als ein absolut artifizielles Konstrukt, ein offenbares von Menschen geschaffenes Hilfsmittel zur besseren Orientierung in seinem Lebenskreislauf. Die nicht vorhandene Natur der Zeit ist eine reine Illusion unseres Verstandes, unseres Geistes oder wie immer wir diesen beobachtbaren Zustand unseres Selbst benennen möchten; wobei ich hierzu nicht nur menschliche und tierische Organismen zähle, sondern auch pflanzliche. Letztendlich handelt es sich um eine Ableitung bestimmter astronomischer Mechaniken oder Beobachtungen im atomphysikalischen Bereich.

In den Jahrmilliarden Zeiträumen der Existenz der Erde (und natürlich des Universums und seinen eventuellen Parallelwelten) existierte nicht der von Menschen geprägte Zeitbegriff. Einzig und alleine mannigfache Naturabläufe begannen und vergingen um erneut in anderer Form wieder aufzutreten. Eiszeiten wechselten sich ab, Wärme-und Hitzeperioden kamen und gingen wieder.

Supervulkane brachen aus um dann wieder im Meer der Stille zu versinken; Meteoriten prallten auf die Erde hernieder und hinterließen sichtbare Spuren. Die einst feste Erdmasse driftete auseinander mit dem Ergebnis, dass wir heute fünf Kontinente und zwei große

Eisregionen sehen können. Doch auch dies ist in steter Bewegung, wird irgendwann ganz anders aussehen als jetzt. Eine lexikalische Definiton der Zeit findet sich in einer Brockhaus Ausgabe aus dem Jahre 1977. Dort steht zu lesen :

Zeit ist die Abfolge die im menschlichen Bewußtsein als Vergangenheit,Gegenwart und Zukunft am Entstehen und Vergehen der Dinge erfahren wird.

Eine absolut alles umschreibende Definition die alle (menschlichen) Bestimmungsversuche ad absurdum führt. Denn ob wir nun den Lauf des Planeten Erde um die Sonne verfolgen oder das Zerfallen bestimmter atomarer Strukturen als Wesen der Zeit annehmen, ist natürlich barer Unsinn, denn es zeigt ja nur, dass verändern einer Form in eine andere. Beispiel: Wasser wird erhitzt und verdampft. Wasserdampf entsteht. Molekular gesehen das gleiche, nur eben visuell nicht bzw. sinnesmäßig. Nur, was unsere Augen dort sehen und unser Gehirn schließlich als vermeintlich real erachtet, ist eine pure Illusion, nur ein mikroskopisch winziger, dazu noch falscher Ausschnitt aus einer reinen Formveränderung. Freilich hilft er uns sehr sich in unserer Umwelt zurechtzufinden. Meistens jedenfalls. Was wir also als Zeit bezeichnen ist nichts anderes als eine ständig sich ereignende Abfolge von Vorgängen (Ereignissen) in einem bestimmten Bezugssystem.Wohin wir auch schauen, hantieren wir Menschen mit einem künstlichen Konstrukt, einem gedanklichen Gerüst um uns orientieren zu können.
Bis auf wenige alte Philosophen wie Kant oder Leibniz , die das tatsächlich künstliche der Zeit erkannt hatten, gibt es sonderbarerweise heute noch Gelehrte (und nicht nur Philosophen), die Zeit als eine Wirklichkeit betrachten und unveränderlich mit dem menschlichen Dasein verbunden sehen. Ich persönlich halte es da mit dem deutschen Theologen und Lyriker Johannes Scheffler, alias Angelus Silesius (1624-1677)

Zeit ist wie Ewigkeit und Ewigkeit wie Zeit, so du nicht selber machst einen Unterschied.

Die Küchenuhr

Wolfgang Borchert geb. 20.5.1921 Hamburg- gest.20.11.1947 Basel

Sie sahen ihn schon von weitem auf sich zukommen, denn er fiel auf. Er hatte ein ganz altes Gesicht, aber wie er ging, daran sah man, daß er erst zwanzig war. Er setzte sich mit seinem alten Gesicht zu ihnen auf die Bank. Und dann zeigte er ihnen, war er in der Hand trug.

Das war unsere Küchenuhr, sagte er und sah sie alle der Reihe nach an, die auf der Bank in der Sonne saßen. Ja, ich habe sie noch gefunden. Sie ist übriggeblieben. Er hielt eine runde tellerweiße Küchenuhr vor sich hin und tupfte mit dem Finger die blaugemalten Zahlen ab.

Sie hatte weiter keinen Wert, meinte er entschuldigend, das weiß ich auch. Und sie ist auch nicht so besonders schön. Sie ist nur wie ein Teller, so mit weißem Lack. Aber die blauen Zahlen sehen doch ganz hübsch aus, finde ich. Die Zeiger sind natürlich nur aus Blech. Und nun gehen sie auch nicht mehr. Nein. Innerlich ist sie kaputt, das steht fest. Aber sie sieht noch aus wie immer. Auch wenn sie jetzt nicht mehr geht.

Er machte mit der Fingerspitze einen vorsichtigen Kreis auf dem Rand der Telleruhr entlang. Und er sagte leise: Und sie ist übriggeblieben.

Die auf der Bank in der Sonne saßen, sahen ihn nicht an. Einer sah auf seine Schuhe und die Frau in ihren Kinderwagen. Dann sagte jemand: Sie haben wohl alles verloren?

Ja, ja, sagte er freudig, denken Sie, aber auch alles! Nur sie hier, sie ist übrig. Und er hob die Uhr wieder hoch, als ob die anderen sie noch nicht kannten.

Aber sie geht doch nicht mehr, sagte die Frau.

Nein, nein, das nicht. Kaputt ist sie, das weiß ich wohl. Aber sonst is sie doch noch ganz wie immer: weiß und blau. Und wieder zeigte er ihnen seine Uhr. Und was das Schönste ist, fuhr er aufgeregt fort, das habe ich Ihnen ja noch überhaupt nicht erzählt. Das Schönste kommt nämlich noch: Denken Sie mal, sie ist um halb drei stehengeblieben. Ausgerechnet um halb drei, denken sie mal!

Dann wurde Ihr Haus sicher um halb drei getroffen, sagte der Mann und schob wichtig die Unterlippe vor, Das habe ich schon oft gehört. Wenn die Bombe runtergeht, bleiben die Uhren stehen. Das kommt von dem Druck. Er sah seine Uhr an und schüttelte überlegen den Kopf. Nein, lieber Herr, nein, da irren Sie sich. Das hat mit den Bomben nichts zu tun. Sie müssen nicht immer von den Bomben reden. Nein. Um halb drei war ganz etwas anderes, das wissen Sie nur nicht. Das ist nämlich der Witz, daß sie gerade um halb drei stehengeblieben ist. Und nicht um viertel nach vier oder um sieben. Um halb drei kam ich nämlich immer nach Hause. Nachts, meine ich. Fast immer um halb drei. Das ist ja gerade der Witz Er sah die anderen an, aber die hatten ihre Augen von ihm weggenommen. Er fand sie nicht. Da nickte er seiner Uhr zu: Dann hatte ich natürlich Hunger, nicht wahr? Und ich ging immer gleich in die Küche Da war es dann immer fast halb drei. Und dann, dann kam nämlich meine Mutter. Ich konnte noch so leise die Tür aufmachen, sie hat mich immer gehört. Und wenn ich in der dunklen Küche etwas zu essen suchte, ging plötzlich das Licht an. Dann stand sie da in ihrer Wolljacke und mit einem roten Schal um. Und barfuß. Immer barfuß. Und dabei war unsere Küche gekachelt. Und sie machte ihre Augen ganz klein, weil ihr das Licht so hell war. Denn sie hatte ja schon geschlafen. Es war ja Nacht.

So spät wieder, sagte sie dann. Mehr sagte sie nie. Nur: So spät wieder. Und dann machte sie mir das Abendbrot warm und sah zu, wie ich aß. Dabei scheuerte sie immer die Füße aneinander, weil die Kacheln so kalt waren. Schuhe zog sie nachts nie an. Und sie saß so lange bei mir, bis ich satt war. Und dann hörte ich sie noch die Teller wegsetzen, wenn ich in meinem Zimmer schon das Licht ausgemacht hatte. Jede Nacht war es so. Und meistens immer um halb drei. Das war ganz selbstverständlich, fand ich, daß sie mir nachts um halb drei in der Küche das Essen machte. Ich fand das ganz selbstverständlich. Sie tat das ja immer. Und sie hat nie mehr gesagt als: So spät wieder. Aber das sagte sie jedesmal. Und ich dachte, das könnte nie aufhören. Es war mir so selbstverständlich. Das alles war doch immer so gewesen.

Einen Atemzug lang war es ganz still auf der Bank. Dann sagte er leise: Und jetzt? Er sah die anderen an. Aber er fand sie nicht. Da sagte er der

Uhr leise ins weißblaue runde Gesicht: Jetzt, jetzt weiß ich, daß es das Paradies war. Auf der Bank war es ganz still. Dann fragte die Frau: Und ihre Familie?

Er lächelte sie verlegen an: Ach, Sie meinen meine Eltern? Ja, die sind auch mit weg. Alles ist weg. Alles, stellen Sie sich vor. Alles weg.

Er lächelte verlegen von einem zum anderen. Aber sie sahen ihn nicht an. Da hob er wieder die Uhr hoch und er lachte. Er lachte: Nur sie hier. Sie ist übrig. Und das Schönste ist ja, daß sie ausgerechnet um halb drei stehengeblieben ist.

Ausgerechnet um halb drei.

Dann sagte er nichts mehr. Aber er hatte ein ganz altes Gesicht. Und der Mann, der neben ihm saß, sah auf seine Schuhe. Aber er sah seine Schuhe nicht. Er dachte immerzu an das Wort Paradies.

Nachts schlafen die Ratten doch

Das hohle Fenster in der vereinsamten Mauer gähnte blaurot voll früher Abendsonne. Staubgewölke flimmerten zwischen den steilgereckten Schornsteinresten. Die Schuttwüste döste.

Er hatte die Augen zu. Mit einmal wurde es noch dunkler. Er merkte, daß jemand gekommen war und nun vor ihm stand, dunkel, leise. Jetzt haben sie mich! Dachte er. Aber als er ein bißchen blinzelte, sah er nur zwei etwas ärmlich behoste Beine. Die standen ziemlich krumm vor ihm, daß er zwischen ihnen hindurchsehen konnte. Er riskierte ein kleines Geblinzel an den Hosenbeinen hoch und erkannte einen älteren Mann. Der hatte ein Messer und einen Korb in der Hand. Und etwas Erde an den Fingerspitzen.

Du schläfst hier wohl, was? fragte der Mann und sah von oben auf das Haargestrüpp herunter. Jürgen blinzelte zwischen den Beinen des Mannes hindurch in die Sonne und sagte: Nein, ich schlafe nicht. Ich muß hier aufpassen. Der Mann nickte: So, dafür hast du wohl den großen Stock da? Ja, antwortete Jürgen mutig und hielt den Stock fest.

Worauf paßt du denn auf?

Das kann ich nicht sagen. Er hielt die Hände fest um den Stock. Wohl auf Geld, was? Der Mann setzte den Korb ab und wischte das Messer an seinem Hosenboden hin und her.

Nein, auf Geld überhaupt nicht, sagte Jürgen verächtlich.

Auf ganz etwas anderes.

Na, was denn?

Ich kann es nicht sagen. Was anderes eben.

Na, denn nicht. Dann sage ich dir natürlich auch nicht, was ich hier im Korb habe. Der Mann stieß mit dem Fuß an den Korb und klappte das Messer zu.

Pah, kann mir denken, was in dem Korb ist, meinte Jürgen geringschätzig; Kaninchenfutter.

Donnerwetter, ja! sagte der Mann verwundert; bist ja ein fixer Kerl. Wie alt bist du denn?

Neun.

Oha, denk mal an, neun also. Dann weißt du ja auch, wieviel drei mal neun sind, wie?

Klar, sagte Jürgen, und um Zeit zu gewinnen, sagte er noch: Das ist ja ganz leicht. Und er sah durch die Beine des Mannes hindurch. Dreimal neun, nicht? fragte er noch mal, siebenundzwanzig. Das wußte ich gleich.

Stimmt, sagte der Mann, und genau soviel Kaninchen habe ich.

Jürgen machte einen runden Mund: Siebenundzwanzig?

Du kannst sie sehen. Viele sind noch ganz jung. Willst du?

Ich kann doch nicht. Ich muß doch aufpassen, sagte Jürgen unsicher.

Immerzu? fragte der mann, nachts auch?

Nachts auch. Immerzu. Immer. Jürgen sah an den krummen Beinen hoch. Seit Sonnabend schon, flüsterte er.

Aber gehst du denn gar nicht nach Hause? Du mußt doch essen.

Jürgen hob einen Stein hoch. Da lag ein halbes Brot. Und eine Blechschachtel.

Dur rauchst? fragte der Mann, hast du denn eine Pfeife?

Jürgen faßte seinen Stock fest an und sagte zaghaft: Ich drehe. Pfeife mag ich nicht.

Schade, der Mann bückte sich zu seinem Korb, die Kaninchen hättest du ruhig mal ansehen können. Vor allem die Jungen. Vielleicht hättest du dir eines ausgesucht. Aber du kannst hier ja nicht weg.

Nein, sagte Jürgen traurig, nein nein.

Der Mann nahm den Korb hoch und richtete sich auf. Na ja, wenn du hierbleiben mußt - schade. Und er drehte sich um. Wenn du mich nicht verrätst, sagte Jürgen da schnell, es ist wegen der Ratten.

Die krummen Beine kamen einen Schritt zurück: Wegen der Ratten?

Ja, die essen doch von den Toten. Von Menschen. Da leben sie doch von. Wer sagt das?

Unser Lehrer.

Und du paßt nun auf die Ratten auf? fragte der Mann.

Auf die doch nicht! Und dann sagte er ganz leise. Mein Bruder, der liegt nämlich da unten. Da. Jürgen zeigte mit dem Stock auf die zusammengesackten Mauern. Unser Haus kriegte eine Bombe. Mit einmal war das Licht weg im Keller. Und er auch. Wir haben noch gerufen. ER war viel kleiner als ich. Erst vier. Es muß hier ja noch sein. Er ist doch viel kleiner als ich.

Der Mann sah von oben auf das Haargestrüpp. Aber dann sagte er plötzlich: Ja, hat euer Lehrer euch denn nicht gesagt daß die Ratten nachts schlafen?

Nein, flüsterte Jürgen und sah mit einmal ganz müde aus, das hat er nicht gesagt.

Na, sagte der mann, das ist aber ein Lehrer, wenn er das nicht mal weiß. Nachts schlafen die Ratten doch. Nachts kannst du ruhig nach Hause gehen. Nachts schlafen sie immer. Wenn es dunkel wird, schon.

Jürgen machte mit seinem Stock kleine Kuhlen in den Schutt. Lauter kleine Betten sind das, dachte er, alles kleine Betten. Da sagte der mann (und seine krummen Beine waren ganz unruhig dabei): Weißt du was? Jetzt füttere ich schnell meine Kaninchen, und wenn es dunkel wird, hole ich dich ab. Vielleicht kann ich eins mitbringen. Ein kleines oder, was meinst du?

Jürgen machte kleine Kuhlen in den Schutt. Lauter kleine Kaninchen. Weiße, graue, weißgraue. Ich weiß nicht, sagte er leise und sah auf die krummen Beine, wenn sie wirklich nachts schlafen.

Der Mann stieg über die Mauerreste weg auf die Straße. Natürlich, sagte er von da, euer Lehrer soll einpacken, wenn er das nicht mal weiß.

Da stand Jürgen auf und fragte: Wenn ich eins kriegen kann? Ein weißes vielleicht?

Ich will mal versuchen, rief der Mann schon im Weggehen, aber du mußt hier so lange warten. Ich gehe dann mit dir nach Hause, weißt du? Ich muß deinem Vater doch sagen, wie so ein Kaninchenstall gebaut wird. Denn das müßt ihr ja wissen.

Ja, rief Jürgen, ich warte. Ich muß ja noch aufpassen, bis es dunkel wird. Ich warte bestimmt. Und er rief: Wir haben auch noch Bretter zu Hause Kistenbretter, rief er.

Aber das hörte der Mann schon nicht mehr. Er lief mit seinen krummen Beinen auf die Sonne zu. Die war schon rot vom Abend und Jürgen konnte sehen, wie sie durch die Beine hindurchschien, so krumm waren sie. Und der Korb schwankte aufgeregt hin und her. Kaninchenfutter war da drin. Grünes Kaninchenfutter, das war etwas grau vom Schutt. Das

Holz für morgen

Er machte die Etagentür hinter sich zu. Er machte sie leise und ohne viel
Aufhebens hinter sich zu. obgleich er sich das Leben nehmen wollte. Das
Leben, das er nicht verstand und in dem er nicht verstanden wurde. Er
wurde nicht von denen verstanden, die er liebte. Und gerade das hielt er
nicht aus, dieses Aneinandervorbeisein mit denen, die er liebte.
Aber es war noch mehr da, das so groß wurde, daß es alles überwuchs, und
das sich nicht wegschieben lassen wollte.
Das war, daß er nachts weinen konnte, ohne daß die, die er liebte, ihn
hörten. Das war, daß er sah, daß seine Mutter, die er liebte, älter wurde und
daß er das sah. Das war, daß er mit den anderen im Zimmer sitzen konnte,
mit ihnen lachen konnte und dabei einsamer war als je. Das war, daß die
anderen es nicht schießen hörten, wenn er es hörte. Daß sie das nie hören
wollten. Das war dieses Aneinandervorbeisein mit denen, die er liebte, das
er nicht aushielt.
Nun stand er im Treppenhaus und wollte zum Boden hinaufgehen und sich
das Leben nehmen. ER hatte die ganze Nacht überlegt, wie er das machen
wollte, und er war zu dem Entschluß gekommen, daß er vor allem auf den
Boden hinaufgehen müsse, denn da wäre man allein und das war die
Vorbedingung für alles andere. Zum Erschießen hatte er nichts und
Vergiften war ihm zu unsicher. Keine Blamage wäre größer gewesen, als
dann mit Hilfe eines Arztes wieder in das Leben zurückzukommen, und die
vorwurfsvollen mitleidigen Gesichter der anderen, die so voll Liebe und
Angst für ihn waren, ertragen zu müssen. Und sich ertränken, das fand er
zu pathetisch, und sich aus dem Fenster stürzen, das fand er zu aufgeregt.
Nein, das beste würde es sein, man ginge auf den Boden. Da war man
allein. Da war es still. Da war alles ganz unauffällig und ohne viel
Aufhebens. Und da waren vor allem die Querbalken vom Dachstuhl. Und
der Wäschekorb mit der Leine.
Als er die Etagentür leise hinter sich zugezogen hatte, faßte er ohne zu
zögern nach dem Treppengeländer und ging langsam nach oben. Das
kegelförmige Glasdach über dem Treppenhaus, das von ganz feinem
Maschendraht wie von Spinngewebe durchzogen war, ließ einen blassen
Himmel hindurch, der hier obern dicht unter dem Dach am hellsten war.

Fest umfaßte er das saubere hellbraune Treppengeländer und ging leise und ohne viel Aufhebens nach oben. Da entdeckte er auf dem Treppengeländer einen breiten weißen Strich, der vielleicht auch etwas gelblich sein konnte. Er blieb stehen und fühlte mit dem Finger darüber, dreimal, viermal. Dann sah er zurück. Der weiße Strick ging auf dem ganzen Geländer entlang. Er beugte sich etwas vor. Ja, man konnte ihn bis tief in die dunkleren Stockwerke nach untern verfolgen. Dort wurde er ebenfalls bräunlicher, aber er blieb doch einen ganzen Farbton heller als das Holz des Geländers. Er ließ seinen Finger ein paarmal auf dem weißen Strich entlangfahren, dann sagte er plötzlich: Das hab ich ja ganz vergessen.

Er setzte sich auf die Treppe. Und jetzt wollte ich mir das Leben nehmen und hatte das beinahe vergessen. Dabei war ich es doch. Mit der kleinen Feile, die Karlheinz gehörte. Die habe ich in die Faust genommen und dann bin ich in vollem Tempo die Treppe runtergesaust und habe dabei die Feile tief in das weiche Geländer gedrückt. In den Kurven habe ich besonders stark gedrückt, um zu bremsen. Als ich unten war, ging über das Treppengeländer vom Boden bis zum Erdgeschoß eine tiefe, tiefe Rille. Das war ich. Abends wurden alle Kinder verhört. Die beiden Mädchen unter uns, Karlheinz und ich. Und der nebenan. Die Hauswirtin sagte, das würde mindestens vierzig Mark kosten. Aber unsere Eltern wußten sofort, daß es von uns keiner gewesen war. Dazu gehörte ein ganz scharfer Gegenstand, und den hatte keiner von uns, das wußten sie genau. Außerdem verschandelte doch kein Kind das Treppengeländer in seinem eigenen Haus. Und dabei war ich es. Ich mit der kleinen spitzen Feile. Als keiner von den Familien die vierzig Mark für die Reparatur des Treppengeländers bezahlen wollte, schrieb die Hauswirtin auf die nächste Mieterrechnung je Haushalt fünf Mark mehr drauf für Instandsetzungskosten des stark demolierten Treppenhauses. Für dieses Geld wurde dann gleich das ganze Treppenhaus mit Linoleum ausgelegt. Und Frau Daus bekam ihren Handschuh ersetzt, den sie sich an dem aufgesplitterten Geländer zerrissen hatte. Ein Handwerker kam, hobelte die Ränder der Rille glatt und schmierte sie dann mit Kitt aus. Vom Boden bis zum Erdgeschoß. Und ich, ich war es. Und jetzt wollte ich mir das Leben nehmen und hatte das beinahe vergessen.

Er setzte sich auf die Treppe und nahm einen Zettel. Das mit dem Treppengeländer war ich, schrieb er da drauf. Und dann schrieb er oben darüber: An Frau Kaufmann, Hauswirtin. Er nahm das ganze Geld aus seiner Tasche, es waren zweiundzwanzig Mark, und faltete den Zettel da herum. Er steckte ihn oben in die kleine Brusttasche. Da finden sie ihn bestimmt, dachte er, da müssen sie ihn ja finden. Und er vergaß ganz, daß sich keiner mehr daran erinnern würde. Er vergaß, daß es schon elf Jahr her war, das vergaß er. Er stand auf, die Stufe knarrte ein wenig. Er wollte jetzt auf den Boden gehen.

Er hatte das mit dem Treppengeländer erledigt und konnte jetzt nach oben gehen. Da wollte er sich noch einmal lauf sagen, daß er es nicht mehr aushielte, das Aneinandervorbeisein mit denen, die er liebte, und dann wollte er es tun. Dann würde er es tun.

Unten ging eine Tür. Er hörte, wie seine Mutter sagte: Und dann sag ihr, sie soll das Seifenpulver nicht vergessen. Daß sie auf keinen Fall das Seifenpulver vergißt. Sag ihr, daß der Junge extra mit dem Wagen los ist, um das Holz zu holen, damit wir morgen waschen können. Sag ihr, das wäre für Vater eine große Erleichterung, daß er nicht mehr mit dem Holzwagen los braucht und daß der Junge wieder da ist. Der Junge ist extra los heute. Vater sagt, das wird Ihm Spaß machen. Das hat er die ganzen Jahre nicht tun können. Nun kann er Holz holen. Für uns. Für morgen zum Waschen. Sag ihr das, daß er extra mit dem Wagen los ist und daß sie mir nicht das Seifenpulver vergißt.

Er hörte eine Mädchenstimme antworten. Dann wurde die Tür zugemacht, und das Mädchen lief die Treppen hinunter. Er konnte ihre kleine rutschende Hand das ganze Treppengeländer entlang bis unten verfolgen. Dann hörte er nur ihre Beine noch. Dann war es still. Man hörte das Geräusch, das die Stille machte.

Er ging langsam die Treppe abwärts, langsam Stufe um Stufe abwärts. Ich muß das Holz holen, sagte er, natürlich, das hab ich ja ganz vergessen. Ich muß ja das Holz holen, für morgen.

Er ging immer schneller die Treppen hinunter und ließ seine Hand dabei kurz hintereinander auf das Treppengeländer klatschen. Das Holz, sagte er, ich muß ja das Holz holen. Für uns. Für morgen. Und er sprang die letzten

Stufen mit großen Sätzen abwärts. Ganz oben ließ das dicke Glasdach einen blassen Himmel hindurch. Hier unten aber mußten die Lampen brennen.
Jeden Tag.
Alle Tage.

Mein bleicher Bruder

Noch nie war etwas so weiß wie dieser Schnee. Er war beinah blau davon. Blaugrün. So fürchterlich weiß. Die Sonne wagte kaum gelb zu sein von diesem Schnee. Kein Sonntagmorgen war jemals so sauber gewesen wie dieser. Nur hinten stand ein dunkelblauer Wald. Aber der Schnee war neu und sauber wie ein Tierauge. Kein Schnee war jemals so weiß wie dieser an diesem Sonntagmorgen. Kein Sonntagmorgen war jemals so sauber. Die Welt, diese schneeige Sonntagswelt, lachte. Aber irgendwo gab es dann doch einen Fleck. Das war ein Mensch, der im Schnee lag, verkrümmt, bäuchlings, uniformiert. Ein Bündel Lumpen.

Ein lumpiges Bündel von Häutchen und Knöchelchen und Leder und Stoff. Schwarzrot überrieselt von angetrocknetem Blut. Sehr tote Haare, perückenartig tot. Verkrümmt den letzten Schrei in den Schnee geschrien, gebellt oder gebetet vielleicht: Ein Soldat. Fleck in dem niegesehenen Schneeweiß der saubersten aller Sonntagmorgende. Stimmungsvolles Kriegsgemälde, nuancenreich, verlockender Vorwurf für Aquarellfarben: Blut und Schnee und Sonne. Kalter kalter Schnee mit warmem dampfendem Blut drin. Und über allem die liebe Sonne. Unsere liebe Sonne. Alle Kinder auf der Welt sagen: die liebe, liebe Sonne. Und die beschneit einen Toten, der den unerhörten Schrei aller toten Marionetten schreit:

Den stammen fürchterlichen stummen Schrei. Wer unter uns, steh auf bleicher Bruder, wer unter uns hält die stummen Schreie der Mario-netten aus, wenn sie von den Drahten abgerissen so blöde verrenkt auf der Buhne rumliegen? Wer, oh, wer unter uns erträgt die stummen Schreie der Toten? Nur der Schnee hält das aus, der eisige. Und die Sonne. Unsere liebe Sonne.

Vor der abgerissenen Marionette stand eine, die noch intakt war. Noch funktionierte. Vor dem toten Soldaten stand ein lebendiger. An diesem sauberen Sonntagmorgen im niegesehenen weißen Schnee hielt der Stehende an den Liegenden folgende fürchterlich stumme Rede:

Ja. Ja ja. Ja ja ja. Jetzt ist es aus mit deiner guten Laune mein lieber. Mit deiner ewigen guten Laune. Jetzt sagst du gar nichts mehr, wie? Jetzt lachst du wohl nicht mehr, wie? Wenn deine Weiber das wüßten, wie erbärmlich du jetzt aussiehst, mein Lieber. Ganz erbärmlich siehst du ohne deine gute Laune aus. Und in dieser blöden Stellung. Warum hast du denn die Beine so ängstlich an den Bauch rangezogen? Ach so, hast einen in die Eingeweide gekriegt. Hast dich mit Blut besudelt. Sieht unappetitlich aus, mein Lieber. Hast dir die ganze Uniform damit bekleckert. Sieht aus wie schwarze Tintenflecke. Man gut, daß deine Weiber das nicht sehn. Du hattest dich doch immer so mit deiner Uniform, Saß alles auf Taille. Als du Korporal wurdest, gingst du nur noch mit Lackstiefletten. Und die wurden stundenlang gebohnert, wenn es abends in die Stadt ging. Aber jetzt gehst du nicht mehr in die Stadt. Deine Weiber lassen sich jetzt von den andern. Denn du gehst jetzt überhaupt nicht mehr, verstehst du? Nie mehr, mein Lieber. Nie nie mehr. Jetzt lachst du auch nicht mehr mit deiner ewig guten Laune. Jetzt liegst du da, als ob du nicht bis drei zählen kannst. Kannst du auch nicht. Kannst nicht mal mehr bis drei zählen. Das ist dünn, mein Lieber, äußerst dünn. Aber das ist gut so, sehr gut so. Denn du wirst nie mehr «Mein bleicher Bruder Hängendes Lid» zu mir sagen. Jetzt nicht mehr, mein Lieber. Von jetzt ab nicht mehr. Nie mehr, du. Und die andern werden dich nie mehr dafür feiern. Die andern werden nie mehr über mich lachen, wenn da «Mein bleicher Bruder Hängendes Lid» zu mir sagst. Das ist viel wert, weißt du? Das ist eine ganze Masse wert für mich, das kann ich dir sagen.

Sie haben mich nämlich schon in der Schule gequält. Wie die Läuse haben sie auf mir herumgesessen. Weil mein Auge den kleinen Defekt hat und weil das Lid runterhängt. Und weil meine Haut so weiß ist. So käsig. Unser Bläßling sieht schon wieder so müde aus, haben sie immer gesagt. Und die Mädchen haben immer gefragt, ob ich schon schliefe. Mein eines Auge wäre ja schon halb zu. Schläfrig, haben sie gesagt, du, ich wär schläfrig. Ich möchte mal wissen, wer von uns beiden jetzt schläfrig ist. Du oder ich, wie? Du oder ich? Wer ist jetzt «Mein bleicher Bruder Hängendes Lid»? Wie? Wer denn, mein Lieber, du oder ich? Ich etwa? Als er die Bunkertür hinter sich zumachte, kamen ein Dutzend graue Gesichter aus den Ecken auf ihn zu. Eins davon gehörte dem Feldwebel. Haben Sie ihn gefunden, Herr Leutnant? fragte das graue Gesicht und war fürchterlich grau dabei.

Ja. Bei den Tannen. Bauchschuß. Sollen wir ihn holen?
Ja. Bei den Tannen. Ja, natürlich. Er muß geholt werden. Bei den Tannen.
Das Dutzend grauer Gesichter verschwand. Der Leutnant saß am Blechofen
und lauste sich. Genau wie gestern. Gestern hatte er sich auch gelaust. Da
sollte einer zum Bataillon kommen. Am besten der Leutnant, er selbst.
Während er dann das Hemd anzog, horchte er. Es schoß. Es hatte noch nie
so geschossen. Und als der Melder die Tür wieder aufriß, sah er die Nacht.
Noch nie war eine Nacht so schwarz, fand er. Unteroffizier Heller, der sang.
Der erzählte in einer Tour von seinen Weibern. Und dann hatte dieser
Heller mit seiner ewig guten Laune gesagt: Herr Leutnant, ich würde nicht
zum Bataillon gehn. Ich wurde erst mal doppelte Ration beantragen. Auf
Ihren Rippen kann man ja Xylophon spielen. Das ist ja ein Jammer, wie Sie
aussehn. Das hatte Heller gesagt. Und im Dunkeln hatten sie wohl alle
gegrinst, Und einer mußte zum Bataillon. Da hatte er gesagt: Na, Heller,
dann kühlen Sie Ihre gute Laune mal ein bißchen ab. Und Heller sagte:
Jawohl. Das war alles. Mehr sagte man nie. Einfach Jawohl. Und dann war
Heller gegangen. Und dann kam Heller nicht wieder.
Der Leutnant zog sein Hemd über den Kopf. Er hörtte, wie sie draußen
zurückkamen. Die andern. Mit Heller. Er wird nie mehr «Mein bleicher
Bruder Hängendes Lid» zu mir sagen, flüsterte der Leutnant. Das wird er
von nun an nie mehr zu mir sagen. Eine Laus geriet zwischen seine
Daumennägel. Es knackte. Die Laus war tot. Auf der Stirn hatte er einen
kleinen Blutspritzer.

Radi

Heute nacht war Radi bei mir. Er war blond wie immer und lachte in seinem weichen breiten Gesicht. Auch seine Augen waren wie immer: etwas ängstlich und etwas unsicher. Auch die paar blonden Bartspitzen hatte er. Alles wie immer.

Du bist doch tot, Radi, sagte ich.

Ja, antwortete er, lach bitte nicht.

Warum soll ich lachen?

Ihr habt immer gelacht über mich, das weiß ich doch. Weil ich meine Füße so komisch setzte und auf dem Schulweg immer von allerlei Mädchen redete, die ich gar nicht kannte. Darüber habt ihr doch immer gelacht. Und weil ich immer etwas ängstlich war, das weiß ich ganz genau.

Bist du schon lange tot? fragte ich.

Nein, gar nicht, sagte er. Aber ich bin im Winter gefallen. Sie konnten mich nicht richtig in die Erde kriegen. War doch alles gefroren. Alles steinhart.

Ach ja, du bist ja in Russland gefallen, nicht?

Ja, gleich im ersten Winter. Du, lach nicht, aber es ist nicht schön, in Russland tot zu sein. Mir ist das alles so fremd. Die Bäume sind so fremd. So traurig, weißt du. Meistens sind es Erlen. Wo ich liege, stehen lauter traurige Erlen. Und die Steine stöhnen auch manchmal. Weil sie russische Steine sein müssen. Und die Wälder schreien nachts. Weil sie russische Wälder sein müssen. Und der Schnee schreit. Weil er russischer Schnee sein muss. Ja, alles ist fremd. Alles so fremd.

Radi saß auf meiner Bettkante und schwieg.

Vielleicht hasst du alles nur so, weil du da tot sein musst, sagte ich. Er sah mich an: Meinst du? Ach nein, du, es ist alles so furchtbar fremd. Alles. Er sah auf seine Knie. Alles ist so fremd. Auch man selbst.

Man selbst?

Ja, lach bitte nicht. Das ist es nämlich. Gerade man selbst ist sich so furchtbar fremd. Lach bitte nicht, du, deswegen bin ich heute nacht mal zu dir gekommen. Ich wollte das mal mit dir besprechen.

Mit mir?

Ja, lach bitte nicht, gerade mit dir. Du kennst mich doch genau, nicht?

Ich dachte es immer.

Macht nichts. Du kennst mich ganz genau. Wie ich aussehe, meine ich.

Nicht wie ich bin. Ich meine, wie ich aussehe, kennst du mich doch, nicht?

Ja, du bist blond. Du hast ein volles Gesicht.

Nein, sag ruhig, ich habe ein weiches Gesicht. Ich weiß das doch. Also -

Ja, du hast ein weiches Gesicht, das lacht immer und ist breit.

Ja, ja. Und meine Augen?

Deine Augen waren immer etwas - etwas traurig und seltsam -

Du musst nicht lügen. Ich habe sehr ängstliche und unsichere Augen gehabt, weil ich nie wusste, ob ihr mir das alles glauben würdet, was ich von den Mädchen erzählte. Und dann? War ich immer glatt im Gesicht?

Nein, das warst du nicht. Du hattest immer ein paar blonde Bartspitzen am Kinn. Du dachtest, man würde sie nicht sehen. Aber wir haben sie immer gesehen.

Und gelacht.

Und gelacht.

Radi saß auf meiner Bettkante und rieb seine Handflächen an seinem Knie. Ja, flüsterte er, so war ich. Ganz genauso.

Und dann sah er mich plötzlich mit seinen ängstlichen Augen an. Tust du mir einen Gefallen, ja? Aber lach bitte nicht, bitte.

Komm mit.

Nach Russland?

Ja, es geht ganz schnell. Nur für einen Augenblick. Weil du mich noch so gut kennst, bitte.

Er griff nach meiner Hand. Er fühlte sich an wie Schnee. Ganz kühl. Ganz lose. Ganz leicht.

Wir standen zwischen ein paar Erlen. Da lag etwas Helles. Komm, sagte Radi, da liege ich. Ich sah ein menschliches Skelett, wie ich es von der Schule her kannte. Ein Stück braungrünes Metall lag daneben. Das ist mein Stahlhelm, sagte Radi, er ist ganz verrostet und voll Moos.

Und dann zeigte er auf das Skelett. Lach bitte nicht, sagte er, aber das bin ich. Kannst du das verstehen? Du kennst mich doch. Sag doch selbst, kann ich das hier sein? Meinest du? Findest du das nicht furchtbar fremd? Es ist doch nichts Bekanntes an mir. Man kennt mich doch gar nicht mehr. Aber ich bin es. Ich muss es ja sein. Aber ich kann es nicht verstehen. Es ist so furchtbar fremd. Mit all dem, was ich früher war, hat das nichts mehr zu tun. Nein, lach bitte nicht, aber mir ist das alles so furchtbar fremd, so unverständlich, so weit ab.

Er setzte sich auf den dunklen Boden und sah traurig vor sich hin.

Mit früher hat das nichts mehr zu tun, sagte er, nichts, gar nichts.

Dann hob er mit den Fingerspitzen etwas von der dunklen Erde hoch und roch daran. Fremd, flüsterte er, ganz fremd. Er hielt mir die Erde hin. Sie war wie Schnee. Wie seine Hand war sie, mit der er vorhin nach mir gefasst hatte: Ganz kühl. Ganz lose. Ganz leicht.

Riech, sagte er.

Ich atmete tief ein.

Na?

Erde, sagte ich.

Und?

Etwas sauer. Etwas bitter. Richtige Erde.

Aber doch fremd? Ganz fremd? Und doch so widerlich, nicht?

Ich atmete tief an der Erde. Sie roch kühl, lose und leicht. Etwas sauer. Etwas bitter.

Sie riecht gut, sagte ich. Wie Erde.

Nicht widerlich? Nicht fremd?

Radi sah mich mit ängstlichen Augen an. Sie riecht doch so widerlich, du. Ich roch.

Nein, so riecht alle Erde.

Meinst du?

Bestimmt.

Und du findest sie nicht widerlich?

Nein, sie riecht ausgesprochen gut, Radi. Riech doch mal genau.

Er nahm ein wenig zwischen die Fingerspitzen und roch.

Alle Erde riecht so? fragte er.

Ja, alle.

Er atmete tief. Er steckte seine Nase ganz in die Hand mit der Erde hinein und atmete. Dann sah er mich an. Du hast recht, sagte er. Es riecht vielleicht doch ganz gut. Aber doch fremd, wenn ich denke, dass ich das bin, aber doch furchtbar fremd, du. Radi saß und roch und er vergaß mich und er roch und roch und roch. Und er sagte das Wort fremd immer weniger. Immer leiser sagte er es. Er roch und roch und roch. Da ging ich auf Zehenspitzen nach Hause zurück. Es war morgens um halb sechs. In den Vorgärten sah überall Erde durch den Schnee. Sie war kühl. Und lose. Und leicht. Und sie roch. Ich stand auf und atmete tief. Ja, sie roch. Sie riecht gut, Radi, flüsterte ich. Sie riecht wirklich gut. Sie riecht wie richtige Erde. Du kannst ganz ruhig sein.

Das Brot

Plötzlich wachte sie auf. Es war halb drei. Sie überlegte, warum sie aufgewacht war. Ach so! In der Küche hatte jemand gegen einen Stuhl gestoßen. Sie horchte nach der Küche. Es war still. Es war zu still, und als sie mit der Hand über das Bett neben sich fuhr, fand sie es leer. Das war es, was es so besonders still gemacht hatte; sein Atem fehlte. Sie stand auf und tappte durch die dunkle Wohnung zur Küche. In der Küche trafen sie sich. Die Uhr war halb drei. sie sah etwas Weißes am Küchenschrank stehen. Sie machte Licht. Sie standen sich im Hemd gegenüber. Nachts. Um halb drei. In der Küche. Auf dem Küchentisch stand der Brotteller. Sie sah, dass er sich Brot abgeschnitten hatte. Das Messer lag noch neben dem Teller. und auf der Decke lagen Brotkrümel. Wenn sie abends zu Bett gingen, machte sie immer das Tischtuch sau-ber. Jeden Abend. Aber nun lagen Krümel auf dem Tuch. Und das Messer lag da. Sie fühlte, wie die Kälte der Fliesen langsam an ihr hoch kroch. Und sie sah von dem Teller weg. "Ich dachte, hier wäre was", sagte er und sah in der Küche umher.
"Ich habe auch was gehört", antwortete sie, und dabei fand sie, dass er nachts im Hemd doch schon recht alt aussah. So alt wie er war. Dreiundsechzig. Tagsüber sah er manchmal jünger aus. Sie sieht doch schon alt aus, dachte er, im Hemd sieht sie doch ziemlich alt aus. Aber das liegt vielleicht an den Haaren. Bei den Frauen liegt das nachts immer an den Haaren. Die machen dann auf einmal so alt. "Du hättest Schuhe anziehen sollen. So barfuß auf den kalten Fließen. Du erkältest dich noch." Sie sah ihn nicht an, weil sie nicht ertragen konnte, dass er log. Dass er log, nachdem sie neunundreißig Jahre verheiratet waren - "Ich dachte, hier wäre was", sagte er noch einmal und sah wieder so sinnlos von einer Ecke in die andere, "ich hörte hier was. Da dachte ich, hier wäre was." "Ich hab auch was gehört. Aber es war wohl nichts." Sie stellte den Teller vom Tisch und schnippte die Krümel von der Decke. "Nein, es war wohl nichts", echote er unsicher.
Sie kam ihm zu Hilfe: "Komm man. Das war wohl draußen. Komm man zu Bett. Du erkältest dich noch. Auf den kalten Fließen."

Er sah zum Fenster hin. "Ja, das muss wohl draußen gewesen sein. Ich dachte, es wäre hier."

Sie hob die Hand zum Lichtschalter. Ich muss das Licht jetzt ausmachen, sonst muss ich nach dem Teller sehen, dachte sie. Ich darf doch nicht nach dem Teller sehen. "Komm man", sagte sie und machte das Licht aus, "das war wohl draußen. Die Dachrinne schlägt immer bei Wind gegen die Wand. Es war si-cher die Dachrinne. Bei Wind klappert sie immer." Sie tappten sich beide über den dunklen Korridor zum Schlafzimmer. Ihre nackten Füße platschten auf den Fußboden. "Wind ist ja", meinte er. "Wind war schon die ganze Nacht." Als sie im Bett lagen, sagte sie: "Ja, Wind war schon die ganze Nacht. Es war wohl die Dachrinne."

"Ja, ich dachte, es wäre in der Küche. Es war wohl die Dachrinne." Er sagte das, als ob er schon halb im Schlaf wäre. Aber sie merkte, wie unecht seine Stimme klang, wenn er log. "Es ist kalt", sagte sie und gähnte leise, "ich krieche unter die Decke. Gute Nacht." "Nacht", antwortete er noch: "ja, kalt ist es schon ganz schön."

Dann war es still.

Nach vielen Minuten hörte sie, dass er leise und vorsichtig kaute. Sie atmete absichtlich tief und gleichmäßig, damit er nicht merken sollte, dass sie noch wach war. Aber sein Kauen war so regelmäßig, dass sie davon langsam einschlief. Als er am nächsten Abend nach Hause kam, schob sie ihm vier Scheiben Brot hin. Sonst hatte er immer nur drei essen können.

"Du kannst ruhig vier essen", sagte sie und ging von der Lampe weg. "Ich kann dieses Brot nicht so recht vertragen. Iss doch man eine mehr. Ich vertrage es nicht so gut." Sie sah, wie er sich tief über den Teller beugte. Er sah nicht auf. In diesem Augenblick tat er ihr leid.

"Du kannst doch nicht nur zwei Scheiben essen", sagte er auf seinem Teller. "Doch, abends vertrag ich das Brot nicht gut. Iss man. Iss man." Erst nach einer Weile setzte sie sich unter die Lampe an den Tisch.

Das ist unser Manifest

Helm ab Helm ab: - Wir haben verloren ! Die Kompanien sind auseinandergelaufen. Die Kompanien, Bataillone, Armeen. Die großen Armeen. Nur die Heere der Toten, die stehn noch. Stehn wie unübersehbare Wälder: dunkel, lila, voll Stimmen. Die Kanonen aber liegen wie erfrorene Urtiere mit steifem Gebein. Lila vor Stahl und überrumpelter Wut. Und die Helme, die rosten. Nehmt die verrosteten Helme ab: Wir haben verloren.

In unsern Kochgeschirren holen magere Kinder jetzt Milch. Magere Milch. Die Kinder sind lila vor Frost. Und die Milch ist lila vor Armut. Wir werden nie mehr antreten auf einen Pfiff hin und Jawohl sagen auf ein Gebrüll. Die Kanonen und die Feldwebel brüllen nicht mehr. Wir werden weinen, scheißen und singen, wann wir wollen. Aber das Lied von den brausenden Panzern und das Lied von dem Edelweiß werden wir niemals mehr singen. Denn die Panzer und die Feldwebel brausen nicht mehr und das Edelweiß, das ist verrottet unter dem blutigen Singsang. Und kein General sagt mehr Du zu uns vor der Schlacht. Vor der furchtbaren Schlacht.

Wir werden nie mehr Sand in den Zähnen haben vor Angst. (Keinen Steppensand, keinen ukrainischen und keinen aus der Cyrenaika oder den der Normandie -und nicht den bitteren bösen Sand unserer Heimat!) Und nie mehr das heiße tolle Gefühl in Gehirn und Gedärm vor der Schlacht.

Nie werden wir wieder so glücklich sein, daß ein anderer neben uns ist. Warm ist und da ist und atmet und rülpst und summt - nachts auf dem Vormarsch. Nie werden wir wieder so zigeunerig glücklich sein über ein Brot und fünf Gramm Tabak und über zwei Arme voll Heu. Denn wir werden nie wieder zusammen marschieren, denn jeder marschiert von nun an allein. Das ist schön. Das ist schwer. Nicht mehr den sturen knurrenden Andern bei sich zu haben - nachts, nachts beim Vormarsch. Der alles mit anhört. Der niemals was sagt. Der alles verdaut. Und wenn nachts einer weinen muß, kann er es wieder. Dann braucht er nicht mehr zu singen - vor Angst.

Jetzt ist unser Gesang der Jazz. Der erregte hektische Jazz ist unsere Musik. Und das heiße verrückttolle Lied, durch das das Schlagzeug hinhetzt, katzig, kratzend. Und manchmal nochmal das alte sentimentale Soldatengegröl, mit dem man die Not überschrie und den Müttern absagte. Furchtbarer Männerchor aus bärtigen Lippen, in die einsamen Dämmerungen der Bunker und der Güterzüge gesungen, mundharmonikablechüberzittert :

Männlicher Männergesang -hat keiner die Kinder gehört, die sich die Angst vor den lilanen Löchern der Kanonen weggrölten? Heldischer Männergesang -hat keiner das Schluchzen der Herzen gehört, wenn sie Juppheidi sangen, die Verdreckten, Krustigen, Bärtigen, überlausten ?

Männergesang, Soldatengegröl, sentimental und übermütig, männ- lich und baßkehlig, auch von den Jünglingen männlich gegrölt: Hört keiner den Schrei nach der Mutter? Den letzten Schrei des Abenteurers Mann? Den furchtbaren Schrei: Juppheidi?

Unser Juppheidi und unsere Musik sind ein Tanz über den Schlund, der uns angähnt. Und diese Musik ist der Jazz. Denn unser Herz und unser Hirn haben denselben heißkalten Rhythmus: den erregten, verrückten und hektischen, den hemmungslosen.

Und unsere Mädchen, die haben denselben hitzigen Puls in den Hän- den und Hüften. Und ihr Lachen ist heiser und brüchig und klarinettenhart. Und ihr Haar, das knistert wie Phosphor. Das brennt. Und ihr Herz, das geht in Synkopen, wehmütig wild. Sentimental. So sind unsere Mädchen: wie Jazz. Und so sind die Nächte, die mädchenklirrenden Nächte: wie Jazz: heiß und hektisch. Erregt..

69

Wer schreibt für uns eine neue Harmonielehre? Wir brauchen keine wohltemperierten Klaviere mehr. Wir selbst sind zuviel Dissonanz. Wer macht für uns ein lilanes Geschrei? Eine lilane Erlösung ? Wir brauchen keine Stilleben mehr. Unser Leben ist laut.

Wir brauchen keine Dichter mit guter Grammatik. Zu guter Grammatik fehlt uns Geduld. Wir brauchen die mit dem heißen heiser geschluchzten Gefühl. Die zu Baum Baum und zu Weib Weib sagen und ja sagen und nein sagen: laut und deutlich und dreifach und ohne Konjunktiv.

Für Semikolons haben wir keine Zeit und Harmonien machen uns weich und die Stilleben überwältigen uns: Denn lila sind nachts unsere Himmel. Und das Lila gibt keine Zeit für Grammatik, das Lila ist schrill und ununterbrochen und toll. Über den Schornsteinen, über den Dächern : die Welt: lila. Über unseren hingeworfenen Leibern die schattigen Mulden: die blaubeschneiten Augenhöhlen der Toten im Eissturm, die violettwütigen Schlünde der kalten Kanonen -und die lilane Haut unserer Mädchen am Hals und etwas unter der Brust. Lila ist nachts das Gestöhn der Verhungernden und das Gestammel der Küssenden. Und die Stadt steht so lila am nächtlich lilanen Strom.

Und die Nacht ist voll Tod: Unsere Nacht. Denn unser Schlaf ist voll Schlacht. Unsere Nacht ist im Traumtod voller Gefechtslärm. Und die nachts bei uns bleiben, die lilanen Mädchen, die wissen das und morgens sind sie noch blaß von der Not unserer Nacht. Und unser Morgen ist voller Alleinsein. Und unser Alleinsein ist dann morgens wie Glas. Zerbrechlich und kühl. Und ganz klar. Es ist das Alleinsein des Mannes. Denn wir haben unsere Mütter bei den wütenden Kanonen verloren. Nur unsere Katzen und Kühe und die Läuse und die Regenwürmer, die ertragen das große eisige Alleinsein. Vielleicht sind sie nicht so nebeneinander wie wir. Vielleicht sind sie mehr mit der Welt. Mit dieser maßlosen Welt. In der unser Herz fast erfriert.

Wovon unser Herz rast? Von der Flucht. Denn wir sind der Schlacht und den Schlünden erst gestern entkommen in heilloser Flucht. Von der furchtbaren Flucht von einem Granatloch zum andern - die mütterlichen Mulden - davon rast unser Herz noch -und noch von der Angst. Horch hinein in den Tumult deiner Abgründe. Erschrickst du? Hörst du den Chaoschoral aus Mozartmelodien und Herms Niel-Kantaten? Hörst du Hölderlin noch? Kennst du ihn wieder, blutberauscht, kostümiert und Arm in Arm mit Baldur von Schirach ? Hörst du das Landserlied? Hörst du den Jazz und den Luthergesang?

Dann versuche zu sein über deinen lilanen Abgründen. Denn der Morgen, der hinter den Grasdeichen und Teerdächern aufsteht, kommt nur aus dir selbst. Und hinter allem? Hinter allem, was du Gott, Strom und Stern, Nacht, Spiegel oder Kosmos und Hilde oder Evelyn nennst - hinter allem stehst immer du selbst. Eisig einsam. Erbärmlich. Groß. Dein Gelächter. Deine Not. Deine Frage. Deine Antwort. Hinter allem, uniformiert, nackt oder sonstwie kostümiert, schattenhaft verschwankt, in fremder fast scheuer ungeahnt grandioser Dimension: Du selbst. Deine Liebe. Deine Angst. Deine Hoffnung.

Und wenn unser Herz, dieser erbärmliche herrliche Muskel, sich selbst nicht mehr erträgt - und wenn unser Herz uns zu weich werden will in den Sentimentalitäten, denen wir ausgeliefert sind, dann werden wir laut ordinär. Alte Sau, sagen wir dann zu der, die wir am meisten lieben. Und wenn Jesus oder der Sanftmütige, der einem immer nachläuft im Traum, nachts sagt: Du, sei gut! - dann machen wir eine freche Respektlosigkeit zu unserer Konfession und fragen: Gut, Herr Jesus, warum ? Wir haben mit den toten Iwans vorm Erdloch genauso gut in Gott gepennt. Und im Traum durchlöchern wir alles mit unsern M. Gs. : Die Iwans. Die Erde. Den Jesus.

Nein, unser Wörterbuch, das ist nicht schön. Aber dick. Und es stinkt. Bitter wie Pulver. Sauer wie Steppensand. Scharf wie Scheiße. Und laut wie Gefechtslärm.

Und wir prahlen uns schnodderig über unser empfindliches deutsches Rilke-Herz rüber. Über Rilke, den fremden verlorenen Bruder, der unser Herz ausspricht und der uns unerwartet zu Tränen verführt: Aber wir wollen keine Tränenozeane beschwören - wir müssen denn alle ersaufen. Wir wollen grob und proletarisch sein, Tabak und Tomaten bauen und lärmende Angst haben bis ins lilane Bett - bis in die lilanen Mädchen hinein. Denn wir lieben die lärmend laute Angabe, die unrilkesche, die uns über die Schlachtträume hinüberrettet und über die lilanen Schlünde der Nächte, der blutübergossenen Äcker, der sehnsüchtigen blutigen Mädchen.

Denn der Krieg hat uns nicht hart gemacht, glaubt doch das nicht, und nicht roh und nicht .leicht. Denn wir tragen viele weltschwere wächserne Tote auf unseren mageren Schultern. Und unsere Tränen, die saßen noch niemals so lose wie nach diesen Schlachten. Und darum lieben wir das lärmende laute lila Karussell, das jazzmusikene, das über unsere Schlünde rüberorgelt, dröhnend, clownig, lila, bunt und blöde -viel- leicht. Und unser Rilke-Herz - ehe der Clown kräht -haben wir es dreimal verleugnet. Und unsere Mütter weinen bitterlich. Aber sie, sie wenden sich nicht ab. Die Mütter nicht !

Und wir wollen den Müttern versprechen :

Mütter, dafür sind die Toten nicht tot: Für das marmorne Kriegerdenkmal, das der beste ortsansässige Steinmetz auf dem Marktplatz baut - von lebendigem Gras umgrünt, mit Bänken drin für Witwen und Prothesenträger. Nein, dafür nicht. Nein, dafür sind die Toten nicht tot: Daß die Überlebenden weiter in ihren guten Stuben leben und immer wieder neue und dieselben guten Stuben mit Rekrutenfotos und Hinden-burgportraits. Nein, dafür nicht.

Und dafür, nein, dafür haben die Toten ihr Blut nicht in den Schnee laufen lassen, in den naßkalten Schnee ihr lebendiges mütterliches Blut: Daß dieselben Studienräte ihre Kinder nun benäseln, die schon die Väter so brav *für den Krieg präparierten. (Zwischen Langemarck und Stalingrad lag nur eine Mathematikstunde.) Nein, Mütter, dafür starbt ihr nicht in jedem Krieg zehntausendmal !*

Das geben wir zu: Unsere Moral hat nichts mehr mit Betten, Brüsten, Pastoren oder Unterröcken zu tun - wir können nicht mehr tun als gut sein. Aber wer will das messen, das «Gut»? Unsere Moral ist die Wahrheit. Und die Wahrheit ist neu und hart wie der Tod. Doch auch so milde, so überraschend und so gerecht. Beide sind nackt.

Sag deinem Kumpel die Wahrheit, beklau ihn im Hunger, aber sag es ihm dann. Und erzähl deinen Kindern nie von dem heiligen Krieg : Sag die Wahrheit, sag sie so rot wie sie ist: voll Blut und Mündungsfeuer und Geschrei. Beschwindel das Mädchen noch nachts, aber morgens, morgens sag dann die Wahrheit: Sag, daß du gehst und für immer. Sei gut wie der Tod. Nitschewo. Kaputt. For ever. Parti, perdu und never more.

Denn wir sind Neinsager. Aber wir sagen nicht nein aus Verzweiflung. Unser Nein ist Protest. Und wir haben keine Ruhe beim Küssen, wir Nihilisten. Denn wir müssen in das Nichts hinein wieder ein Ja bauen. Häuser müssen wir bauen in die freie Luft unseres Neins, über den Schlünden, den Trichtern und Erdlöchern und den offenen Münden der Toten: Häuser bauen in die reingefegte Luft der Nihilisten, Häuser aus Holz und Gehirn und aus Stein und Gedanken..

Denn wir lieben diese gigantische Wüste, die Deutschland heißt. Dies Deutschland lieben wir nun. Und jetzt am meisten. Und um Deutsch- land wollen wir nicht sterben. Um Deutschland wollen wir leben. Über den lilanen Abgründen. Dieses bissige, bittere, brutale Leben. Wir nehmen es auf uns für diese Wüste. Für Deutschland. Wir wollen dieses Deutschland lieben wie die Christen ihren Christus: Um sein Leid.

Wir wollen diese Mütter lieben, die Bomben füllen mußten - für ihre Söhne. Wir müssen sie lieben um dieses Leid.

Und die Bräute, die nun ihren Helden im Rollstuhl spazierenfahren, ohne blinkernde Uniform - um ihr Leid.

Und die Helden, die Hölderlinhelden, für die kein Tag zu hell und keine Schlacht schlimm genug war - wir wollen sie lieben um ihren ge- brochenen Stolz, um ihr umgefärbtes heimliches Nachtwächterdasein.

Und das Mädchen, das eine Kompanie im nächtlichen Park verbrauchte und die nun immer noch Scheiße sagt und von Krankenhaus zu Kran- kenhaus wallfahrten muß - um ihr Leid.

Und den Landser, der nun nie mehr lachen lernt -

und den, der seinen Enkeln noch erzählt von einunddreißig Toten nachts vor seinem, vor Opas M. G. -

sie alle, die Angst haben und Not und Demut: Die wollen wir lieben in all ihrer Erbärmlichkeit. Die wollen wir lieben wie die Christen ihren Christus: Um ihr Leid. Denn sie sind Deutschland. Und dieses Deutschland sind wir doch selbst. Und dieses Deutschland müssen wir doch wieder bauen im Nichts, über Abgründen: Aus unserer Not, mit unserer Liebe. Denn wir lieben dieses Deutschland doch. Wie wir die Städte lieben um ihren Schutt - so wollen wir die Herzen um die Asche ihres Leides lieben. Um ihren verbrannten Stolz, um ihr verkohltes Heldenkostüm, um ihren versengten Glauben, um ihr zertrümmertes Vertrauen, um ihre ruinierte Liebe. Vor allem müssen wir die Mütter lieben, ob sie nun achtzehn oder achtundsechzig sind - denn die Mütter sollen uns die Kraft geben für dies Deutschland im Schutt.

Unser Manifest ist die Liebe. Wir wollen die Steine in den Städten lieben, unsere Steine, die die Sonne noch wärmt, wieder wärmt nach der Schlacht -

Und wir wollen den großen Uuh-Wind wieder lieben, unseren Wind, der immer noch singt in den Wäldern. Und der auch die gestürzten Bal- ken besingt -

Und die gelbwarmen Fenster mit den Rilkegedichten dahinter -

Und die rattigen Keller mit den lilagehungerten Kindern darin -

Und die Hütten aus Pappe und Holz, in denen die Menschen noch essen, unsere Menschen, und noch schlafen. Und manchmal noch singen.

Und manchmal und manchmal noch lachen -

Denn das ist Deutschland. Und das wollen wir lieben, wir, mit verrostetem Helm und verlorenem Herzen hier auf der Welt.

Doch, doch: Wir wollen in dieser wahn-witzigen Welt noch wieder, immer wieder lieben!

Dann gibt es nur eins!

Du. Mann an der Maschine und Mann in der Werkstatt. Wenn sie dir morgen befehlen, du sollst keine Wasserrohre und keine Kochtoepfe mehr machen - sondern Stahlhelm und Maschinengewehre, dann gibt es nur eins:

Sag NEIN!

Du. Maedchen hinterm Ladentisch und Maedchen im Buero. Wenn sie dir morgen befehlen, du sollst Granaten fuellen und Zielfernrohre fuer Scharfschuetzengewehre montieren, dann gibt es nur eins:
Sag NEIN!

Du. Besitzer der Fabrik. Wenn sie dir morgen befehlen, du sollst statt Puder und Kakao Schiesspulver verkaufen, dann gibt es nur eins:
Sag NEIN!

Du. Forscher im Laboratorium. Wenn sie Dir morgen befehlen, du sollst einen neuen Tod erfinden gegen das alte Leben, dann gibt es nur eins:
Sag NEIN!

Du. Dichter in deiner Stube. Wenn sie dir morgen befehlen, du sollst keine Liebeslieder, du sollst Hasslieder singen, dann gibt es nur eins:
Sag NEIN!

Du. Arzt am Krankenbett. Wenn sie dir morgen befehlen, du sollst die Maenner kriegstauglich schreiben, dann gibt es nur eins:
Sag NEIN!

Du. Pfarrer auf der Kanzel. Wenn sie dir morgen befehlen, du sollst den Mord segnen und den Krieg heilig sprechen, dann gibt es nur eins:
Sag NEIN!

Du. Kapitaen auf dem Dampfer. Wenn sie dir morgen befehlen, du sollst keinen Weizen mehr fahren - sondern Kanonen und Panzer, dann gibt es nur eins:
Sag NEIN!

Du. Pilot auf dem Flugfeld. Wenn sie dir morgen befehlen, du sollst Bomben und Phosphor ueber die Staedte tragen, dann gibt es nur eins:
Sag NEIN!

Du. Schneider auf deinem Bett. Wenn sie dir morgen befehlen, du sollst Uniformen zuschneiden, dann gibt es nur eins:
Sag NEIN!

Du. Richter im Talar. Wenn sie dir morgen befehlen, Du sollst zum Kriegsgericht gehen, dann gibt es nur eins:
Sag NEIN!

Du. Mann auf dem Bahnhof. Wenn sie dir morgen befehlen, du sollst das Signal zur Abfahrt geben fuer den Munitionszug und fuer den Truppentransporter, dann gibt es nur eins:
Sag NEIN!

Du. Mann auf dem Dorf und Mann in der Stadt. Wenn sie morgen kommen und dir den Gestellungsbefehl bringen, dann gibt es nur eins:
Sag NEIN!

Du. Mutter in der Normandie und Mutter in der Ukraine, du, Mutter in Frisko und London, du am Hoangho und am Missisippi, du, Mutter in Neapel und Hamburg und Kairo und Oslo - Muetter in allen Erdteilen, Muetter in der Welt, wenn sie morgen befehlen, ihr sollt Kinder gebaeren, Krankenschwestern fuer Kriegslazarette und neue Soldaten fuer neue Schlachten, Muetter in der Welt, dann gibt es nur eins:
Sagt NEIN! Muetter, sagt NEIN!

Denn wenn ihr nicht NEIN sagt, wenn IHR nicht nein sagt, Muetter, dann: dann:

In den laermenden dampfdunstigen Hafenstaedten werden die grossen Schiffe stoehnend verstummen und wie titanische Mammutkadaver wasserleichig traege gegen die toten vereinsamten Kaimauern schwanken, algen-, tang- und muschelueberwest, den frueher so schimmernden droehnenden Leib, friedhoeflich fischfaulig duftend, muerbe, siech, gestorben -

die Strassenbahnen werden wie sinnlose glanzlose glasaeugige Kaefige bloede verbeult und abgeblaettert neben den verwirrten Stahlskeletten der Draehte und Gleise liegen, hinter morschen dachdurchloecherten Schuppen, in verlorenen kraterzerrissenen Strassen -

eine schlammgraue dickbreiige bleierne Stille wird sich heranwaelzen, gefraessig, wachsend, wird anwachsen in den Schulen und Universitaeten und Schauspielhaeusern, auf Sport- und Kinderspielplaetzen, grausig und gierig unaufhaltsam -

der sonnige saftige Wein wird an den verfallenen Haengen verfaulen, der Reis wird in der verdorrten Erde vertrocknen, die Kartoffel wird auf den brachliegenden aeckern erfrieren und die Kuehe werden ihre totsteifen Beine wie umgekippte Melkschemel in den Himmel strecken -

in den Instituten werden die genialen Erfindungen der grossen aerzte sauer werden, verrotten, pilzig verschimmeln -

in den Kuechen, Kammern und Kellern, in den Kuehlhaeusern und Speichern werden die letzten Saecke Mehl, die letzten Glaeser Erdbeeren, Kuerbis und Kirschsaft verkommen - das Brot unter den umgestuerzten Tischen und auf zersplitterten Tellern wird gruen werden und die ausgelaufene Butter wird stinken wie Schmierseife, das Korn auf den Feldern wird neben verrosteten Pfluegen hingesunken sein wie ein erschlagenes Heer und die qualmenden Ziegelschornsteine, die Essen und die Schlote der stampfenden Fabriken werden, vom ewigen Gras zugedeckt, zerbroeckeln - zerbroeckeln - zerbroeckeln -

dann wird der letzte Mensch, mit zerfetzten Gedaermen und verpesteter Lunge, antwortlos und einsam unter der giftig gluehenden Sonne und unter wankenden Gestirnen umherirren, einsam zwischen den unuebersehbaren Massengraebern und den kalten Goetzen der gigantischen betonklotzigen veroedeten Staedte, der letzte Mensch, duerr, wahnsinnig, laesternd, klagend - und seinefurchtbare Klage: WARUM? wird ungehoert in der Steppe verrinnen, durch die geborstenen Ruinen wehen, versickern im Schutt der Kirchen, gegen Hochbunker klatschen, in Blutlachen fallen, ungehoert, antwortlos, letzter Tierschrei des letzten Tieres Mensch -

all dieses wird eintreffen, morgen, morgen vielleicht, vielleicht heute nacht schon, vielleicht heute nacht, wenn -- wenn -- wenn ihr nicht NEIN sagt.

www.mondamo.de/alt/borchert.htm

Aufruf 04/2019